2018年鲁迅美术学院科研立项

"'鲁艺'精神传承与艺术大众化探索——以美丽中国建设为中心"

（项目编号：2018lmz22）

佟晓杰　主　编

胡晓霞　刘红日　副主编

传承"鲁艺"精神
探索美术教育与思想政治教育的结合

CHUANCHENG LUYI JINGSHEN

TANSUO MEISHU JIAOYU YU SIXIANG ZHENGZHI JIAOYU DE JIEHE

中国纺织出版社有限公司

内 容 提 要

随着《关于加强和改进新形势下高校思想政治工作的意见》的提出，坚持全员、全过程、全方位育人（简称"三全育人"）成为高校培养人才的目标，而把思想政治教育工作融入专业课堂之中，更是成为高校教学的要求。

本书以专业教育与思想政治教育结合为切入点，从鲁迅美术学院校史出发，结合鲁迅美术学院教师陆国斌老师的教学经历，探讨美术学院专业教育如何与思想政治教育相结合，为当下"三全育人"在美术学院的实践提供一些启示。

本书适合高校师生阅读，希望大家能从陆国斌老师优秀的事迹中有所裨益。

图书在版编目（CIP）数据

传承"鲁艺"精神：探索美术教育与思想政治教育的结合 / 佟晓杰主编 . -- 北京：中国纺织出版社有限公司，2021.1

ISBN 978-7-5180-8116-5

Ⅰ. ①传… Ⅱ. ①佟… Ⅲ. ①鲁迅美术学院—思想政治教育—研究 Ⅳ. ①GJ124-4 ②641

中国版本图书馆 CIP 数据核字（2020）第 209732 号

策划编辑：华长印　　　　责任编辑：华长印　石鑫鑫
特约编辑：李淑敏　刘美汝　责任校对：江思飞
责任印制：何　建

中国纺织出版社有限公司出版发行
地址：北京市朝阳区百子湾东里 A407 号楼　邮政编码：100124
销售电话：010 — 67004422　传真：010 — 87155801
http://www.c-textilep.com
中国纺织出版社天猫旗舰店
官方微博 http://weibo.com/2119887771
北京华联印刷有限公司印刷　各地新华书店经销
2021 年 1 月第 1 版第 1 次印刷
开本：710×1000　1/16　印张：9
字数：118 千字　定价：98.00 元

　　"延安鲁艺"作为中国共产党创办的第一所艺术院校，其成立目的为"培养抗战艺术干部；研究正确的艺术理论；整理中国艺术遗产；建立中国新的艺术。"成立之初，"鲁艺"就将"研究正确的艺术理论"作为其建校宗旨之一，此后一直传承下去，这也是鲁迅美术学院建院办学的目标之一。鲁迅美术学院从创立之初就对理论课程的开设十分重视，其比例几乎占总学时的四分之一，为我国现实主义艺术的发展起到了重要的指导作用。

　　可以说，"延安鲁艺"开启了鲁迅美术学院学术研究的道路，前辈们以马克思主义思想为主导思想，将阶级斗争融入学术研究中来，形成了独特的学术价值观，对中华人民共和国成立后鲁迅美术学院的史学价值观、教学观奠定了基础。

　　鲁迅美术学院从延安走来，一直将思想政治教育融入专业教育之中。陆国斌老师多年来继承着"延安鲁艺"传统。他身体力行，用实际行动资助学生、感化学生，带领学生下乡进行考察、写生、慰问、美丽乡村建设等；他将革命历史题材绘画与艺用人体解剖课程结合在一起，让学生们能在专业课程的学习中更好地体会到思想政治教育所带来的人生价值。正是因为陆国斌老师突出的立德树人的教育模式，2019年中国共产党中央宣传部授予他"全国岗位学雷锋标兵"的荣誉称号。

　　随着《关于加强和改进新形势下高校思想政治工作的意见》的提出，坚持全员、全过程、全方位育人（简称"三全育人"）成为高校培养人才的目标，而把思想政治教育工作融入专业课堂之中，更是成为高校教学的要求。只有如此，我们的教育才能培养出来德、智、体、美、劳全面发展的社会主义建设者和社会主义接班人，才能加快推进教育现代化、建设教育强国、办好人民满意的教育。陆国斌老师的教育模式，正是这一教育方式的践行者。本书通过对鲁迅美术学院校史的梳理，以及陆国斌老师继承"鲁艺"传统，践行"三全育人"理念，探索当下思想政治教育与专业教育相结合的美术教育的启示。

陆国斌老师出生于1961年，满族人，现任鲁迅美术学院教授、研究生导师，兼任中国社会艺术家协会理事、郭明义爱心团队——鲁美陆国斌分队主要负责人、沈阳市志愿服务联合会副会长、义县志愿服务联合会会长；曾荣获全国岗位学雷锋标兵、辽宁省道德模范、辽宁五一劳动奖章、辽宁省岗位学雷锋学郭明义标兵、感动沈阳人物十大候选人物、最美沈阳人物、辽宁省高校系统优秀共产党员、沈阳市优秀共产党员、沈阳市学雷锋十佳人物、沈阳市慈善大使等荣誉，帮助了学生几百余人；编写了《艺用人体解剖学教程——鲁迅美术学院学生作品精选》《艺用人体解剖结构教程》《光与影》《线描创作》（全六册）4部教材；出版了《线型解刨结构——陆国斌速写集》《陆国斌风景写生作品集》2本画册；共发表与专业相关的学术论文《奉国寺大雄殿建筑艺术初探》《鲁迅美术学院留日教师对东北地区油画的影响》《西藏地区人体艺术的形成与发展研究》等13篇；举办油画写生及写生、创作、教学成果个展6次，并在沈阳、长春、延边等地举行艺用人体解剖基础教学巡展，同时参加多次策划设计。

本书主要编写人员简介：

主编：佟晓杰（1966— ），女，党员，研究生学历，副研究员，鲁迅美术学院人文学院党总支书记。

副主编：胡晓霞（1981— ），女，党员，研究生学历，副教授，鲁迅美术学院人文学院辅导员；刘红日（1975— ），男，党员，在职法学硕士研究生学位，鲁迅美术学院继续教育学院办公室主任。

除此之外，本书还得益于李程、曹羽、刘一林、韩成惠四位同学的大力支持，从调研到写作，他们都付出了很多，还要感谢陆国斌老师对本课题的支持，最后感谢策划编辑华长印对本书的辛勤付出。

佟晓杰

2020年9月2日

|目　录|

第一章 "延安鲁艺"的美术教育及美术创作

　　1938年2月，毛泽东、周恩来、林伯渠、徐特立、成仿吾、艾思奇和周扬共同发表了《鲁迅艺术学院创立缘起》（图1-1），其中对鲁迅艺术学院成立的目的进行了说明："艺术——戏剧、音乐、美术、文学是宣传、鼓动与组织群众最有力的武器。艺术工作者——这是对于目前抗战不可缺少的力量。因之，培养抗战的艺术工作干部，在目前也是不容稍缓的工作。"❶可见，在抗战的紧要关头，艺术工作者的培养成为迫切的问题，新的艺术干部力量也可为抗战艺术的宣传创造有利的条件。在此之前，边区就曾创办过如中国抗日军政大学（简称"抗大"）、陕西公学（简称"陕公"）等符合抗战需要的政治军事干部学校，但关于培养艺术干部的专门学校却未曾有过，鲁迅艺术学院就是在这样的条件下应运而生。之所以选用"鲁迅"作为校名，"这不仅是为了纪念我们这位伟大的导师，并且表示我们要向着他所开辟的道路大踏步前进。"❷同年4月10日，鲁迅艺术学院即"延安鲁艺"，（以下简称鲁艺）正式成立（图1-2）。

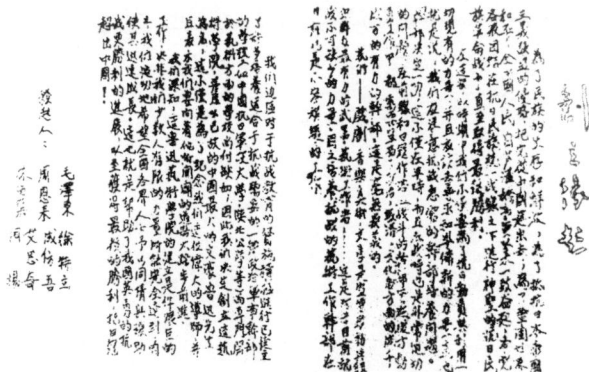

图1-1　《鲁迅艺术学院创立缘起》

---

❶ 毛泽东，等.鲁迅艺术学院创立缘起[C]// 文化部党史资料征集工作委员会.延安鲁艺回忆录.北京：光明日报出版社，1992：1.

❷ 毛泽东，等.鲁迅艺术学院创立缘起[C]// 文化部党史资料征集工作委员会.延安鲁艺回忆录.北京：光明日报出版社，1992：1.

图 1-2 "延安鲁艺"全体师生在校址前的合影

第一节 《讲话》之前"延安鲁艺"的美术教育及美术创作

在抗战初期，群众的知识水平还停留在较低层面，处于水深火热的他们不禁会产生这样的疑问：在如此严峻的抗战情形下，为何还要大张旗鼓地创办一所艺术学校呢？难道是为了让我们在艺术中逃避战争？显然，事实并非这样。在《鲁迅艺术学院成立宣言》中是这样解释的："它（笔者注：鲁迅艺术学院）并不是打算在全国总动员中作歌舞升平的幻象，尤其不是想逃避现实；恰恰相反，它的成立，是为了服务于抗战，服务于这艰苦的长期的民族解放战争。"❶那么，艺术应该怎样服务于抗战呢？文中指出："艺术不仅能唤起民众，而且可以组织民众，武装民众的头脑。本学院的成立，一方面要培养大批的艺术干部，到抗日战争的各个部门、军队中、后方农村中、都市里以至敌人占领的区域里去工作。另一方面，我们追随和号召全国的艺术家，为了追求最有利于抗战的艺术道路而努

---

❶ 毛泽东，等.鲁迅艺术学院创立缘起[C]// 文化部党史资料征集工作委员会.延安鲁艺回忆录.北京：光明日报出版社，1992：3.

力。"❶鲁迅艺术学院在1938年初秉承的宗旨有三点：一是为了培养大批艺术干部深入敌后，在其中发挥宣传作用；二是研究和实践最能够为抗战提供积极效用的艺术创作；三是指出我们的艺术方向和艺术道路是为了广大人民和民族命运的。

在鲁迅艺术学院成立之前，国内艺术家在艺术观点的选择上还存在着很大的争论，大致可以归纳为两方面。一方面倾向于以徐志摩为代表的艺术至上主义，另一方面则倾向于以鲁迅为代表的马克思主义艺术论。五四运动后，国内掀起了一阵留学欧洲的浪潮，大批的艺术家前往欧洲学习先进的技术和艺术理论，从而导致了当时国内对于不同艺术观点的争论达到了空前的程度，直到1938年4月28日，毛泽东在鲁迅艺术学院的讲话中对这一争论进行了重新的定义。毛泽东同志指出："艺术至上主义是一种艺术上的唯心论，这种主张是不对的。但现在为了共同抗日在艺术界也需要统一战线，正如鲁迅先生所说的那样，不管他是写实主义派或是浪漫主义派，是共产主义派还是其他什么派，大家都应当团结抗日。"❷同时，他也提出了在抗战时期艺术创作上应有其政治的独立性，艺术家应该有自己的政治立场。他指出："我们在艺术论上是马克思主义者，不是艺术至上主义者。我们主张艺术上的现实主义。"❸从本质上来说，毛泽东同志秉承的是鲁迅先生所提倡的马克思主义艺术论，主张现实主义的艺术表现方式，这与当时抗战的总体政治方针也是契合的。同时，他也并不孤立其他的艺术观点，对能够团结抗战的艺术观念都呈包容的态度，是以一种辩证的观念来看待艺术。可以说，毛泽东同志将艺术的政治立场与现实主义的表现手法结合在了一起。

那么，怎么才能做到符合马克思主义艺术论的现实主义呢？毛泽东同志说："艺术作品要有内容，要适合时代的要求，大众的要求。"❹由此可见，现实主义

❶ 毛泽东，等.鲁迅艺术学院创立缘起[C]// 文化部党史资料征集工作委员会.延安鲁艺回忆录.北京：光明日报出版社，1992：3.

❷ 毛泽东.毛泽东在鲁迅艺术学院上的讲话[C]// 中共中央文献研究室，中央档案馆.建党以来重要文献选编（1921—1949）：第15册.北京：中央文献出版社，2011：270.

❸ 毛泽东.毛泽东在鲁迅艺术学院上的讲话[C]// 中共中央文献研究室，中央档案馆.建党以来重要文献选编（1921—1949）：第15册.北京：中央文献出版社，2011：270.

❹ 毛泽东.毛泽东在鲁迅艺术学院上的讲话[C]// 中共中央文献研究室，中央档案馆.建党以来重要文献选编（1921—1949）：第15册.北京：中央文献出版社，2011：271.

并不是对于自然简单的摹写，而是要将时代的内容与大众所喜爱的内容融入创作中。艺术创作一定要与实际生活相贴合，尤其是应与后方群众的生活相贴合。但怎样贴合实际，艺术家们仍是一头雾水，所以毛泽东同志向他们提出了要求："你们的艺术作品要有充实的内容，便要到实际生活中去汲取养料。"❶毛泽东同志的这一要求，即是要让艺术家们深入农村的实际中去体验群众的生活，艺术家的生活经验丰富了，才能创作出符合现实主义的内容。换句话说，艺术家深入群众生活并从中汲取营养和经验才能创作出符合艺术政治性和革命性的内容。当然，艺术作品仅有政治性还是远远不够的，艺术技巧的高低决定了艺术家能否将群众生活中丰富的内容有力地表现出来。简言之，艺术创作要兼具政治性与艺术性，二者缺一不可。在这次讲话的最后，毛泽东同志也针对当时的情形指出了艺术创作中的缺点和不足，即"现在，我们阵线上有些人所写的东西，缺乏丰富充实的内容，不合于客观的实际，艺术技巧也比较粗糙。"❷由此可见，在鲁迅艺术学院创立之初，很多人对于时势的分析还不够准确，他们缺乏对实际生活的深入体察，且在艺术性上也有所欠缺。

毛泽东同志在鲁艺讲话后的一年中，鲁艺取得了一些方面的成绩，比如给陕甘宁边区❸、晋东南地区及其他地方提供了许多抗战艺术作品；对于旧有民族与民间艺术形式（简称旧形式）的提倡与研究；以及供给了不少艺术干部到各个战线上去❹。在这一年中，美术方面的成果相当突出，"曾举行了好几次美术作品展览会，出版壁报与纪念鲁迅木刻集。"❺由此可见，鲁艺师生谨遵了党的建校方

---

❶ 毛泽东.毛泽东在鲁迅艺术学院上的讲话[C]// 中共中央文献研究室，中央档案馆.建党以来重要文献选编（1921—1949）：第 15 册.北京：中央文献出版社，2011：272.

❷ 毛泽东.毛泽东在鲁迅艺术学院上的讲话[C]// 中共中央文献研究室，中央档案馆.建党以来重要文献选编（1921—1949）：第 15 册.北京：中央文献出版社，2011：274.

❸ 包括陕西北部、甘肃东部和宁夏的部分区域，是抗日战争时期中共中央和中央军委所在地。——编者注

❹ 罗迈.鲁艺的教育方针与怎样实施教育方针——1939 年 4 月 10 日的报告[C].// 文化部党史资料征集工作委员会.延安鲁艺回忆录.北京：光明日报出版社，1992：12.

❺ 沙可夫.鲁迅艺术学院创立一周年[C]// 文化部党史资料征集工作委员会.延安鲁艺回忆录.北京：光明日报出版社，1992：48.

针和毛泽东同志在鲁迅艺术学院讲话中的思想,将实际生活和抗战工作紧密结合,为边区艺术提供素材,并通过实践与研究对旧形式加以改造和提高。但是罗迈❶还是提出了其在教育方针上的不足,他在《鲁艺的教育方针与怎样实施教育方针——1939年4月10日的报告》中指出:"过去一个相当长的时期中,缺乏明确的教育方针;现在教育、学习、行政各个方面的制度,还没有适当的建立,创作还未获得应有的提倡与扶助。"❷由此可见,在建校的一年中并未建立明确的体系。政治素养与艺术技巧上的不平衡使得鲁艺师生在创作时也没有一个统一的标准,继而导致校内的教学气氛不尽人意。针对这个问题,罗迈在文中将教育方针的内容规定为:"以马列主义的理论与立场,在中国新文艺运动的历史基础上,建设中华民族新时代的文艺理论与实际,训练适合今天抗战需要的大批艺术干部,团结与培养新时代的艺术人才,使鲁艺成为实现中共文艺政策的堡垒与核心。"❸其实,这与当时毛泽东等同志对鲁迅艺术学院提出的期许别无二致,罗迈并没有提出更多建设性的意见,只是将其加以强调而已。但他却将政治教育的问题拿上桌面,这不仅是鲁艺师生在当时面临的严重问题,也是在整风运动和《讲话》❹前抗战艺术不可回避的争论。罗迈认为:"政治与艺术是不同的。政治运动与艺术运动是各自依照着本身特定的规律与形态向前发展,但政治与艺术的关系又是不可分离,它们的发展不能离开社会发展的规律;同时政治指导艺术动向,艺术在运动中又配合着政治运动,影响与推动政治,并且最后的服从于政治。"❺这是无可厚非的,毛泽东同志在此前也阐述过艺术与政治的关系问题,强调了艺

---

❶ 李维汉,汉族(1896—1984),又名罗迈,湖南长沙县人。1919年赴法国留学,后参与中国共产党欧洲支部的筹建工作,成为中国共产党最早的党员之一。八七会议后,成为中国共产党主要领导人之一。

❷ 罗迈.鲁艺的教育方针与怎样实施教育方针——1939年4月10日的报告[C].// 文化部党史资料征集工作委员会.延安鲁艺回忆录.北京:光明日报出版社,1992:13.

❸ 罗迈.鲁艺的教育方针与怎样实施教育方针——1939年4月10日的报告[C].// 文化部党史资料征集工作委员会.延安鲁艺回忆录.北京:光明日报出版社,1992:15.

❹ 《讲话》即1942年5月2日与5月23日,毛泽东同志在延安文艺座谈会上发表的讲话。

❺ 罗迈.鲁艺的教育方针与怎样实施教育方针——1939年4月10日的报告[C].// 文化部党史资料征集工作委员会.延安鲁艺回忆录.北京:光明日报出版社,1992:18.

术作品应具有政治性和艺术性两方面特征。但在这一问题上，一直存在两种不正确见解的争论。一种是"左"的偏见，即要求艺术直接服务于政治，将政治口号直接放入艺术作品中，仅简单地将其视为宣传的工具。任何没有直接参与政治活动的艺术作品都会被带有这类偏见的人所指责。"左"的偏见是机械的、是不符合艺术需求的，换句话说，它在一定程度上是阻碍革命艺术发展的。毛泽东同志也认为没有艺术性的作品是不会受大众喜爱的。所以，这种偏见虽然将艺术作品中的政治性推至高位，但忽略其艺术上的、大众审美上的效用是不正确的。这种偏向在《讲话》之前都一直存在。另一种则是"右"的偏见，即是认为艺术可以轻视政治，艺术创作可以脱离实际和大众，艺术家不用学习和提高自身的政治修养。简单来说，就是将艺术与政治分割开来，认为两者并无关联。总的来说，"左"的偏见和"右"的偏见是两种处于极端的倾向。带有"左"的偏见的人并非真正的革命艺术者，他们激进的政治思想倾向阻碍了抗战艺术的前进和发展；而带有"右"的倾向的人则是没有正确认识到艺术与政治的关系，这就迫切地要求他们提高政治修养。针对这两种偏见，罗迈认为："我们应当把马列主义运用到鲁艺的全部实际生活中来，用马列主义来改善鲁艺的全部工作……加强政治教育，并使理论与实践联系一致，这是建设鲁艺的重要关键。"[1]同时，他也提出了一个具体的艺术创作完成方法，即"政治领导者给他们以一定的政治方向，同时对于作品的组织和结构，则让他独立去创作。"[2]由此可见，政治修养的提高在当时鲁艺的教育中被视为重中之重。1940年，宋侃夫[3]在《一年来的政治教育的实施与作风的建立》一文中，总结了鲁迅艺术学院建校第二年的政治教育工作。在文中提道："整个课程的配备，原则上是艺术与政治并重。除平时的政治辅助教

---

[1] 罗迈.鲁艺的教育方针与怎样实施教育方针——1939年4月10日的报告[C].// 文化部党史资料征集工作委员会.延安鲁艺回忆录.北京：光明日报出版社，1992：20.

[2] 罗迈.鲁艺的教育方针与怎样实施教育方针——1939年4月10日的报告[C].// 文化部党史资料征集工作委员会.延安鲁艺回忆录.北京：光明日报出版社，1992：26.

[3] 宋侃夫（1909—1991），江西省萍乡人。1926年，转为中国共产党党员。1938年7月，去延安中央党校学习。1939年3月毕业后他先后在陕北公学、延安工人学校、延安鲁迅艺术学院和延安大学任组织科长、党总支书记、干部处长、政治处主任、秘书长等职务。

育外（课外读物、座谈会、讨论会、演讲等），每周政治必修课为六小时。"❶鲁迅艺术学院还将马列主义、中国革命的问题、共产主义与共产党等课程作为必修课。为了消除部分人轻视政治的错误，鲁艺在课程的安排上下了极大的工夫。鲁艺还制定了独具特色的政治教学方法，即政治与艺术的联系、集体学习与个人修养、少而精、理论与实际的联系、教与学一致。❷政治课程和政治教学方法两方面为鲁艺师生政治思想修养的提高打下了坚实的基础。随着抗战的进行和鲁艺艺术工作者政治修养的提高，"右"的偏见逐渐被消灭，而"左"的偏见还持续了相当长的一段时间……

那么，鲁艺中的艺术工作者们又是怎样将其政治思想付诸艺术中的呢？换句话说，艺术是怎样服务于政治的呢？从鲁艺的教育计划和课程安排上看，1938年进入鲁艺学习的肖殷❸在回忆鲁艺建校初期的概况时这样说道："第一期学生差不多全数是从抗大、陕公来的，那时只有美术、戏剧、音乐三系，人数不满100人。在上课1月之后，他们为了检阅自己的成绩，马上举行了一个美术展览会和戏剧音乐公演，在短期中已经表现了惊人的成绩。"❹由此可见，在鲁艺建校初期，还没有得到全国艺术界的广泛援助，学生大多来源于边区的政治军事的干部院校，并且系别的设置还不够完善，学生人数也较少。但是，第一期来到鲁艺的学生创作热情是极高的，在短短一个月的时间内，就迫切地希望展示自己的成果，志愿将延安的艺术推向全国。接着，他们又创作了大量的成果，如木刻、漫画等艺术作品，木刻工作团（图1-3）也随之成立起来，为抗战艺术的实践和研

---

❶ 宋侃夫.一年来的政治教育的实施与作风的建立[C].// 文化部党史资料征集工作委员会.延安鲁艺回忆录.北京：光明日报出版社，1992：57.

❷ 宋侃夫.一年来的政治教育的实施与作风的建立[C].// 文化部党史资料征集工作委员会.延安鲁艺回忆录.北京：光明日报出版社，1992：58-59.

❸ 肖殷，原名郑文生，广东龙川人。中国共产党党员。1938年就读于延安鲁艺。历任《新华日报》编委、延安中央研究院研究员、《石家庄日报》副总编辑、《文艺报》副主编、《人民文学》主任、中国作协青年作家工作委员会副主任等职务，1931年开始发表作品。著有短篇小说集《月夜》、评论集《论生活、艺术和真实》《肖殷文学评论集》等。

❹ 肖殷.抗战艺术在延安[C].// 文化部党史资料征集工作委员会.延安鲁艺回忆录.北京：光明日报出版社，1992：605.

图 1-3 1938 年木刻工作团成立，左起：彦涵、华山、胡一川、罗工柳

究打下了坚实的基础。同时，鲁艺也制订了相关的教育计划："以3个月为一期，读完3个月，再到各地群众中去实习3个月，再回来3个月才能毕业。"第一期的学员以9个月为一个周期，分别在学校和群众中学习知识、汲取养料，将理论与实践结合了起来。而到了第二期招生时，鲁艺增添了文学系，并且扩大了招生人数，据肖殷的回忆，第二期招生人数达到了200人，并且要求有一定的艺术修养和技能。这说明鲁艺在初期已经较为重视创作的艺术性。当时的课程安排也比较专业化，美术系有"解剖学、透视学、美术座谈、野外写生、室内写生、中国文艺运动、艺术论、社会科学"❶等课程。到第三期，"美术系除美术理论外还分木刻、雕塑、漫画三班，分别研究技术。"❷再结合上文中所提到的提高学员政治修养的必修课程，可以说，鲁艺遵循了艺术与政治并重的原则。

从艺术的实践和研究上看，当时的鲁艺在作品的形式和内容上取得了极大的

❶ 肖殷.抗战艺术在延安[C]//文化部党史资料征集工作委员会.延安鲁艺回忆录.北京：光明日报出版社，1992：606.
❷ 张颖.改编后的鲁艺[C]//文化部党史资料征集工作委员会.延安鲁艺回忆录.北京：光明日报出版社，1992：76.

成果。1941年5月24日，鲁艺公布了十条"艺术工作公约"❶，对之前艺术创作中的问题进行了必要的修正，并规范了鲁艺艺术工作者的创作。在创作的具体问题上也引发了广泛的讨论，江丰曾在《解放日报》中发表过一篇关于绘画中旧形式的讨论文章。他在文中指出："绘画上利用旧形式，与其他艺术同样，大家认为有这样两个目的：一是为了易于深入民间，进行抗战的宣传教育工作；二是为了创造'民族形式'的绘画风格。"❷那么，究竟是新形式还是旧形式更容易被群众接受呢？显然，这个问题较为复杂。由于群众对光影明暗、远近比例、透视等认识的缺乏，新形式中对于人物面部的明暗刻画手法不易被群众接受；但旧形式却不能很好地提高群众文化素养。能够被群众理解的绘画无非是"形似"，而新形式所能产生的"形似"的效果则是旧形式所不能比拟的。但为何群众对新形式的绘画作品是如此的抵触和不习惯呢？江丰认为："有很多新形式的绘画作品不为老百姓欢迎的原因，绝不是新形式本身的过错，过错则在于作者的写实技术差，或是粗制滥造，或是现代欧洲诸流派所给予的余毒还未洗净的缘故。"❸在当时大多数的革命艺术工作者仅是简单地学习西方的形式和技术，并没有深入地去观察和体悟群众生活。所以，新形式的滥用不仅难以被群众接受，且更不能发挥应有的宣传作用。那么，"民族形式"的形成是该采用新形式还是旧形式呢？江丰强调："'民族形式'绘画的创造，应是新形式为基础。"❹由此可见，江丰对于新形式的态度是较为肯定的，他将不能创造出群众喜闻乐见作品的原因归结于艺术创作者对于事物观察得不仔细，而不是新形式本身。并且，他坚定地指出，想要创造符合时代的"民族形式"的绘画是不能抛弃新形式的。王朝闻则在《再艺术些》一文中有过这样的阐述："从作品可以看出，好些作者只热衷于'画什么？'

---

❶ 艺术工作公约：一、不违反新民主主义现实主义的方向。二、不违反民族的、大众的立场。三、不违反艺术上抗日民族统一战线的原则。四、不对黑暗宽容；对于新社会之弱点，须加积极批评与匡正。五、不流于轻浮作风，低级趣味。六、不间断创作与研究的工作。七、不轻视艺术的组织工作。八、不满足自己的即使是最大的成功；不轻视别人的，即使是最小的努力。九、不抱宗派之见，不作无原则的意气之争。十、不放弃对艺术中一切不良倾向的批判。

❷ 江丰.绘画上的利用旧形式问题[N].解放日报，1941-12-2.

❸ 江丰.绘画上的利用旧形式问题[N].解放日报，1941-12-2.

❹ 江丰.绘画上的利用旧形式问题[N].解放日报，1941-12-2.

（抗战主题）忽视着'怎么画？'和'在什么时期，什么地区，给谁看？'诸问题，因此，大打折扣了作品可能有的力量。作品不够好，当然有工作时间、物资条件的限制，但作者对题材缺少深刻了解，没有探求更恰当的表现形式，因循旧套，公式地拼凑着色和线的七巧板，忽视造型美术的界限，苛求以画代替文章、代替唱歌、讲故事甚至谈理说教的嘴巴，对观众的影响，缺乏深入的调查研究，或多或少迎合着观众的低级趣味……才是基本原因"❶。可见，他对于作品的形式和群众接受程度的问题较为关心。罗工柳则从木刻作品来阐述怎样刻画符合群众审美的作品。由于木刻最初是从西方学来的，以前的接受者也是城市中的人群，但在抗战时期，木刻作品应为农村群众服务，那形式该是什么样的呢？在抗战期间，木刻作品在晋西南和晋东南有过两次展览，但群众的反馈意见却是并不能让他们满意，意见总结起来大致有两点："一是内容名堂不多；二是形式不好看……这些作品的作者，确实没有生活，当然也不可能有深刻的内容，名堂不多是必然的。而表现手法是外国的，作者都处于模仿阶段，作品基本上是欧化的。这种作品得不到中国农民的喜爱是自然的。"❷由此可见，简单的学习西方的技巧是远远不够的，中国农村的群众是不能接受的。所以，他们也对此进行了反思，并总结出了具体的解决办法，即"一是必须深入生活；二是必须向中国传统版画艺术学习。因此，木刻工作团首先抓深入生活。到1939年底，决定采用民间木刻年画的水印套色方法，创作新的年画。内容是敌后战斗生活，形式是中国传统形式发展起来的。"❸从展览上看，"反侵略画展"是能够作为《讲话》前艺术是如何为政治服务的缩影的。1942年1月1日至5日，47件美术作品在军人俱乐部展出。其中包括王式廓的《希特拉的战车》，蔡若虹的《三个寡妇》《时间是我们的裁判者》，华君武的《威尼斯之日》《望远镜里的莫斯科》以及张悟真的《瞧瞧别人吧》等作品。力群也在评论文章中对此次展览进行了这样的评价："在这次画展

---

❶ 王朝闻．再艺术些[N]．解放日报，1941-12-2.

❷ 罗工柳．草地小会[C]// 文化部党史资料征集工作委员会．延安鲁艺回忆录．北京：光明日报出版社，1992：408.

❸ 罗工柳．草地小会[C]// 文化部党史资料征集工作委员会．延安鲁艺回忆录．北京：光明日报出版社，1992：408.

的四十七件作品当中，几乎全部都是以尖锐时政命题为中心的，这是美术服务于政治的，最迅速而直接的表现。"❶这是对于艺术服务于政治的重要评价。反映出在当时的美术作品如果具有很强烈的政治性是非常受欢迎的，且对其的评价也很高。总的来说，在鲁艺建立初期，艺术工作者们的作品存在着两种倾向：一是以尖锐的政治命题为题材，带有明确的政治性作品；二是深入农村生活，听从群众反馈的意见，并从内容和形式进行改良的作品。由此可推论出人们对于艺术服务于政治的真正含义还存在着偏差。

从胡蛮和力群的论战来看，这或许是后来文艺整风运动和《讲话》的导火索。1941年8月16日，延安边区美协举办了一次展览（图1-4），在三个连续的窑洞中依次展览力群、刘岘、焦心河和古元的作品。其中，力群以"HO"为笔名，其作品有《昨日的教堂》（图1-5）、《打窑工人像》《饮》《女像》《女孩像》《毛泽东同志像》；第二个窑洞中，刘岘的作品有《子夜》；第三个窑洞中，焦心河的作品有《最后的医治》《蒙古女人与羊》，古元的作品有《牛群》《羊群》《家畜》《准备春耕》《牧洋芋者》《粮》《选民登记》《离婚诉》《初小学校》《新文字报》《冬学》《车站》和《挑水》。基于当时的物质条件，展出的作品数量可以说是不少的。并且，胡蛮在对本次展览的评论文章中，也较为认可展览作品的艺术性，他说："美术工作，似乎是走向'正规化'了，各种美术的技巧也是逐渐地

图1-4　1941年8月边区美协的展览，左起：力群、焦心河、古元、江丰

---

❶ 力群.略谈"反侵略画展"[N].解放日报，1942-1-7.

图 1-5 力群《昨日的教堂》

提高了。"❶当时的鲁艺教学正朝着专门化、专业化的道路发展。艾青也在1941年8月18日《解放日报》发表的评论文章中对此次展览进行了艺术性上的点评。他认为，力群的作品能够给人一种富于装饰的印象，尤其是作品《饮》能够充分体现出其纯熟的技巧，《打窑工人像》的构图也是极佳的；对古元的作品更是赞赏有加，他说："古元同志具有高度的获取物体真实形象的能力。"❷并且，称赞他为"边区的歌手"。艾青不仅对古元艺术作品中的艺术性是极为认可的，还赞许了他在边区实践的成果。不仅艾青对他赞不绝口，徐悲鸿1942年10月在重庆观看全国木刻展后这样评价古元："发现中国艺术界中一卓绝之天才。"

那么，古元为何能得到艾青和徐悲鸿如此高的评价呢？1940年夏，古元在下乡期间来到了延安县川口区碾庄村，在乡政府担任文书一职。正是在这段时间

---

❶ 胡蛮.目前美术上的创作问题——为《边区美协一九四一年展览会》而作[N].解放日报，1941-8-28.

❷ 艾青.第一日——略评"边区美协一九四一年的展览会"中的木刻[N].解放日报，1941-8-18.

里，古元的艺术得到了质的提升。他曾在回忆的文章中对其作品的创作灵感进行了解释："我从这里发现乡亲们对于家畜的喜爱心情，也知道了他们的审美趣味，我就以这方面的题材创作了《牛群》《羊群》《除草》《家园》四幅木刻，分送给乡亲们。"❶可见，古元在下乡期间，与乡民们打成一片，努力去了解他们喜爱的题材，并应用于创作中，如《选民登记》《离婚诉》（图1-6）等大量作品也是在这一阶段完成的。他将《离婚诉》作为例子解释道："陕北妇女过去太受压迫，婚姻不能自己作主，出嫁后受歧视、受压迫、受虐待也不敢反抗，只能逆来顺受；如今解放了，男女应该平等，受压迫就可以起诉。"❷可以肯定的是，古元是真切了解了边区群众的苦闷生活，从内容上来看是无须质疑的，这也是他扎根于群众生活实践中的力证。木刻内容虽然被村民们接受，但画面的形式却让他们不解，村民们会有这样的疑问：为何脸上有那么多黑色道道？显然这是技法的原因，在抗战初期，国内的木刻多是学习西欧尤其是苏联的技法，但这并不能被边区的村民们所接受。所以，古元重视了村民们对他提出的批评意见，重新创作了一幅，"和以前的刻法就不同了，用单线的轮廓和简练的刀法来表现物体，画面明快，群众也就喜欢接受了。"❸通过《离婚诉》这幅作品的前后修改，能够看出古元对于艺术服务于政治的认识还是比较准确的。

但在此次展览中，艾青对于刘岘和焦心河的作品还是提出了批评。他认为，"作者（笔者注：刘岘）的主要失败之一是他的对于物体的立体地去观察的能力之缺乏。"❹而焦心河当时的作品形式也并不成熟。但总的来说，艾青对于此次展览的评价还是褒大于贬，并将这次展览会比作"新的人类和新的文化向他的无情的摧毁者所发出的一次抗议。"❺艾青不仅从作品的艺术性上做出了批评和建议，

---

❶ 古元.摇篮[C]//文化部党史资料征集工作委员会.延安鲁艺回忆录.北京：光明日报出版社，1992：414.

❷ 古元.摇篮[C]//文化部党史资料征集工作委员会.延安鲁艺回忆录.北京：光明日报出版社，1992：414.

❸ 古元.摇篮[C]//文化部党史资料征集工作委员会.延安鲁艺回忆录.北京：光明日报出版社，1992：414.

❹ 艾青.第一日——略评"边区美协一九四一年的展览会"中的木刻[N].解放日报，1941-8-18.

❺ 艾青.第一日——略评"边区美协一九四一年的展览会"中的木刻[N].解放日报，1941-8-18.

图 1-6 古元《离婚诉》

也在大方向上赞许了此次展览。

艾青发表文章10天后的8月28日。胡蛮在《解放日报》上发表了名为《目前美术上的创作问题——为〈边区美协一九四一年展览会〉而作》的批评文章，这篇文章也引发了胡蛮与力群的激烈论战。文中胡蛮指出："为什么只看见有大量的类似'风俗画'的产品，而美术家不看见、不了解也不多多地描写人民的现实生活中所显示的政治意义。"❶ "这等等，正表现着一个严重的缺点——轻视政治命题，偏向自由创作。它的错误来源是由于错认为艺术和政治是两回事，是不相干的、是分离的。并由此而发生了'艺术第一'的谬论，以至于陷入到形式主义学院派宗派观念的泥潭里。"❷胡蛮认为这次展览中的作品是缺乏政治性的，并且将其上升到形式主义的高度。换句话说，胡蛮认为此次展览中的作品大多都是从技法和表现方式上入手，而忽略了表达的内容。胡蛮将创作者的创作能力与政治修养相关联，他认为，"创作中描写能力的深浅程度，是和他自己的体验生活的认识力，也就是他自己的政治修养程度、觉悟程度与实践程度成正比的。"❸可

❶ 胡蛮.目前美术上的创作问题——为《边区美协一九四一年展览会》而作[N].解放日报，1941-8-28.

❷ 胡蛮.目前美术上的创作问题——为《边区美协一九四一年展览会》而作[N].解放日报，1941-8-28.

❸ 胡蛮.目前美术上的创作问题——为《边区美协一九四一年展览会》而作[N].解放日报，1941-8-28.

见，他将对客观事物感知的能力视为表达作品政治性的必要条件。接着，他又说："现实中有的是政治命题的内容，但是，如果缺乏政治的修养也不可能发现有政治意义的题材来作可表现的对象的。因此，美术家没有轻视政治命题的理由和根据。"[1]胡蛮的政治修养是很高的，他曾赴苏联学习美术技巧和马列主义，并于1932年在莫斯科加入中国共产党。所以，他对艺术的政治性是极为重视的。他在其评论文章中还说道："无论是用什么表现方式和表现方法，只有具体地、形象地去表现现实生活中所具有的革命的政治意义，这才是彻底的现实主义。"[2]并认为，革命艺术家的主要工作就是在其艺术作品中表现政治意义。同时，他又从群众的角度来说明了为何政治性在艺术作品中如此重要，他指出："观众只在创作本身上特别是在内容上去领会，至于由于表现的工具和表现的方式不同而产生的趣味不同的内行话他们是不管的。"[3]由于当时群众的审美能力还处于较低的水平，所以他们并不关注形式上的问题，而是将内容的表现视为评判作品好坏的依据。所以，内容上的政治性可以非常直观地对群众起到教育和宣传作用，这也是胡蛮批判此次展览会作品的重要原因。

胡蛮的批评文章一经发表，可谓是将"艺术与政治"的关系问题推上了风口浪尖。作为这次边区美协展览会中的创作者，力群立刻做出了回应。他于1941年9月22日在《解放日报》中发表名为《美术批评家与美术创作者》的文章就是针对胡蛮而作。力群通过三方面来反驳了胡蛮所提出的"缺乏政治性"的批评。一是声讨胡蛮对于作品的看法太过于表面，他说："一个美术批评家，如果不多多地从作品的具体形象中和它所内含的思想感情上去看，而喜欢单从作品标题所显示的政治口号和政治观念中去了解，那么他一定会看不到作品所包含的政治意义。在我看来，即使是'风俗画'吧！只说是用的现实主义的手法，也就不完全

---

[1] 胡蛮.目前美术上的创作问题——为《边区美协一九四一年展览会》而作[N].解放日报，1941-8-28.

[2] 胡蛮.目前美术上的创作问题——为《边区美协一九四一年展览会》而作[N].解放日报，1941-8-28.

[3] 胡蛮.目前美术上的创作问题——为《边区美协一九四一年展览会》而作[N].解放日报，1941-8-28.

没有它的政治意义。" ❶；二是认为胡蛮没有真正了解创作者和生活的关系；三是认为胡蛮并不了解创作问题，他对于创作者的兴趣都不加了解就妄加评论，这种做法是不对的。力群并不赞同胡蛮所说的，即作品缺乏政治性，认为这是胡蛮对于创作环境和创作者的想法不了解所致。并且，力群认为胡蛮对于创作者的要求过于刻薄，对于艺术作品本身的批评他是可以接受的，但力群认为胡蛮的批评超越了作品本身的范畴。值得一提的是，力群在文中有过这样一段阐述："关于以上的这些问题，其实在文艺上是早已成为解决了的、过时了的问题了，但在我们的美术上还需要论战，这不能不承认我们的美术批评工作的过于的落后" ❷ 笔者认为，这种说法是不准确的，当时的艺术上还面临着很多问题，至少前文中提到的艺术中"左"的偏见和"右"的偏见之间的争论还存在着。直到《讲话》后，这些问题才逐渐消除。

胡蛮与力群的这场论战，其实是必然产生的，这是当时文艺界状况的一个缩影。那么，胡蛮与力群到底孰是孰非？是胡蛮犯了机械的错误，还是力群缺乏政治修养？笔者认为，胡蛮的观点在大方向是没有错误的，他重视艺术作品中的政治性，这也是党中央建立鲁艺的初衷。在《讲话》前的两种倾向，一直都没有彻底消除，轻视政治的艺术家不在少数。在展览中，刘岘和焦心河的作品甚至还存在艺术技巧上的问题，这也是胡蛮对其缺乏感知事物能力批评的力证。毛泽东同志在鲁迅艺术学院上的讲话也提及了艺术家深入群众的观点，认为艺术创作者应与群众打成一片，认真体悟其生活中的点滴。所以，胡蛮的批评不无道理。但从另外两个创作者的作品来看，古元因有着村书记的经历，其《离婚诉》《家畜》等作品都有着深厚的群众基础，且内容和形式也是符合群众的审美要求的；力群的作品《饮》也受到当时边区群众和艺术家的一致好评。所以，胡蛮将所有的作品都贴上"缺乏政治性"的标签，是较为牵强的。可以说，胡蛮的观点略有机械性，要求艺术作品完全的体现政治性是不顾作品形式的看法，是缺乏准确性的。但总的来说，胡蛮要求艺术创作者们要将政治性置于艺术创作的首位，这是毋庸

---

❶ 力群.美术批评家与美术创作者[N].解放日报，1941-9-22.

❷ 力群.美术批评家与美术创作者[N].解放日报，1941-9-22.

置疑的，且符合当时文艺发展的大方向。在抗战的大环境下，某些作品并无表现政治性的内容，确实是存在争议的。

既然胡蛮的观点总体来说并没有什么问题，力群又为何极力反驳呢？是力群真的缺乏政治修养么？显然不是这样，力群在1941年加入中国共产党，政治素养并无问题。那么，到底是什么原因引发了力群如此大的不满，非要与胡蛮针锋相对呢？笔者认为，两人的个人恩怨导致了这场论战，换句话说，是力群对胡蛮早就心生怨恨，借此机会宣泄而已。在力群的自传《我的艺术生涯》中曾对此恩怨有所介绍。在展览前，延安举办了一次五四青年节奖金征文的活动，当时力群信心满满地将木刻作品《听报告》投稿，但评委之一的江丰前来找到力群，并告诉他这次的结果可能对他不利，劝他退出，但力群并未退出。最终的结果让力群非常恼火，并且在后来得知正是从苏联回国的胡蛮给他的作品打了很低的分数。这件事后，力群对胡蛮就已产生了积怨。在延安美协举办的展览后，作为创作者的力群又受到了胡蛮的攻击，力群势必要将心中的怒火发泄出去，而他们的两篇评论文章将二人的论战推向了高潮。所以，看似是一场艺术观念上的论战，其实是胡蛮与力群个人恩怨的体现。力群片面地曲解了胡蛮的本意，抓住后者所体现出的机械性大加渲染。但正是这场个人恩怨所爆发的论战，却为艺术该如何服务于政治提供了讨论的空间。

那么，在《讲话》前，艺术是真正服务于政治的吗？显然并非这样。究其根本，是当时的大多数革命艺术工作者都没有搞清楚政治、艺术和群众三者的关系。当时的革命艺术工作者只是片面地、独立地看待政治素养、艺术技巧和在下乡中汲取的养料。到底艺术该为谁而服务？怎样服务？在《讲话》前，他们的认识都是不准确的。

从1938年鲁艺建校开始，革命艺术的创作出现了一些问题，比如"左"的偏向和"右"的偏向、美术创作新形式和旧形式的问题以及胡蛮与力群的学术论战，这些问题都映射出当时大多数的革命艺术家思想还不够成熟。直到1942年5月，毛泽东同志在延安文艺座谈会上的讲话才明晰了艺术创作应该采用怎样的方法，应该为什么人服务，应该怎么为政治服务。《讲话》中提道："但是到了根据地，并不是说就已经和根据地的人民群众完全结合了。"❶由此可见，在《讲话》之前，鲁艺的革命艺术家都已深入到根据地中，并从中强化了自己对事物感知的能力，但这并不是说就真正做到了其艺术作品与群众相结合。首先，毛泽东同志明确了艺术该为何种人群服务，"文艺作品在根据地的接受者是工农兵以及革命的干部。"❷在此之前，毛泽东同志于1938年在鲁迅艺术学院的讲话中曾强调过革命艺术家要深入群众，但具体的接受者是谁，却说得很模糊，所以在《讲话》中，他对这一问题进行了界定。同时，对"大众化"是什么也进行了解释，即"我们的文艺工作者的思想感情和工农兵大众的思想感情打成一片"❸。在此之前，革命的文艺工作者之所以受到艾青和胡蛮的批评，是由于他们没有做到真正联系群众，创造不出人民群众喜闻乐见的内容和形式语言。在他们意识中还保留着以往"艺术第一"的观念，所以创作出来的作品也就显得和群众有所对立。那么，怎样才能做到艺术真正为了群众呢？并非像《讲话》前那样，鲁艺的领导和教师给予学员一个总的创作方向，学员们经过讨论和实践再进行创作。《讲话》充分给予了革命艺术家创作真正革命文艺的自由。"我们鼓励革命文艺家积极地亲近工农兵，给他们以到群众中去的完全自由，给他们以创作真正革命文艺的完全自由。"❹毛泽东同志将文艺的接受者界定为工农兵，革命艺术家应在此基础上去发挥真正的创作自由。这种创作自由并不是内容和形式上的绝对自由，而是被规范了的自由。这样，文艺作品才是真正的结合时代、结合群众。同时，毛泽东同志对于普及还是提高的问题做了细致的阐述。在《讲话》之前，鲁艺的师

❶ 毛泽东.在延安文艺座谈会上的讲话[C]// 中共中央文献研究室，中央档案馆.建党以来重要文献选编（1921—1949）：第19册.北京：中央文献出版社，2011：287.

❷ 毛泽东.在延安文艺座谈会上的讲话[C]// 中共中央文献研究室，中央档案馆.建党以来重要文献选编（1921—1949）：第19册.北京：中央文献出版社，2011：288.

❸ 毛泽东.在延安文艺座谈会上的讲话[C]// 中共中央文献研究室，中央档案馆.建党以来重要文献选编（1921—1949）：第19册.北京：中央文献出版社，2011：289.

❹ 毛泽东.在延安文艺座谈会上的讲话[C]// 中共中央文献研究室，中央档案馆.建党以来重要文献选编（1921—1949）：第19册.北京：中央文献出版社，2011：296.

生们将提高视为教育的目的。相当一部分的学员埋头研究艺术的技术和技巧，只将提高作品艺术性的观念贯穿始终。毛泽东同志在看到这个问题后批评道："有些同志，在过去，是相当地或是严重地轻视了和忽视了普及，他们不适当地太强调了提高。提高是应该强调的，但是片面地孤立地强调提高，强调到不适当的程度，那就错了。"❶可见，孤立地强调提高或是普及都是不准确的，这两者应该并重发展。那么，怎样为了工农兵提高和普及呢?《讲话》中也是这样解释的："而这里也就提出了学习工农兵的任务。只有从工农兵出发，我们对于普及和提高才能有正确的了解，也才能找到普及和提高的正确关系。"❷普及和提高只有从艺术的接受者的方向出发才能得到正确的理解。那么，革命艺术家理解了普及和提高之后，应该在艺术创作中怎样努力呢? 在文艺中，普及和提高的关系又是怎样的呢?《讲话》中提道："普及的东西比较简单浅显，因此也比较容易为目前广大人民群众所迅速接受。"❸在抗战时期，群众的知识水平以及社会物质水平还处于较低的阶段，带有粗显的普及意义的艺术作品更容易被群众所喜爱和接受。所以，毛泽东同志也更进一步地阐述了当前迫切需要普及的目的，即"所以他们迫切要求一个普遍的启蒙运动，迫切要求得到他们所急需的和容易接受的文化知识和文艺作品，去提高他们的斗争热情和胜利信心，加强他们的团结，便于他们同心同德地去和敌人作斗争。"❹从中我们可以看出，文艺与群众的结合可以极大程度上的鼓舞群众的情绪，促使抗战尽早胜利。所以，普及在当时相比于提高是更为迫切的。总的来说，普及和提高的关系可以总结为："普及是人民的普及，提高也是人民的提高。而这种提高，不是从空中提高，不是关门提高，而是在普及基础

❶ 毛泽东.在延安文艺座谈会上的讲话[C]// 中共中央文献研究室，中央档案馆.建党以来重要文献选编（1921—1949）：第 19 册.北京：中央文献出版社，2011：297.

❷ 毛泽东.在延安文艺座谈会上的讲话[C]// 中共中央文献研究室，中央档案馆.建党以来重要文献选编（1921—1949）：第 19 册.北京：中央文献出版社，2011：297-298.

❸ 毛泽东.在延安文艺座谈会上的讲话[C]// 中共中央文献研究室，中央档案馆.建党以来重要文献选编（1921—1949）：第 19 册.北京：中央文献出版社，2011：299.

❹ 毛泽东.在延安文艺座谈会上的讲话[C]// 中共中央文献研究室，中央档案馆.建党以来重要文献选编（1921—1949）：第 19 册.北京：中央文献出版社，2011：299.

上的提高。这种提高,为普及所决定,同时又给普及以指导。"❶这不仅指出了鲁艺在此之前所犯的"关门提高"的错误,同时也为之后的艺术创作指明了方向。

那么,政治、艺术与群众的关系到底是什么呢?毛泽东有过这样一段阐述:"我们所说的文艺服从于政治,这政治是指阶级的政治、群众的政治,不是所谓少数政治家的政治。"❷这段阐述正是揭露了大多数人思想的错误所在。在《讲话》前,大多数的革命艺术工作者都错误地理解了艺术与政治的关系,他们机械地认为,应直接将"政治口号"加入艺术作品中。在此之前,鲁艺的领导人也曾在报告文章中批评了这一"左"的倾向,但在《讲话》前都未消除。他们始终没有改变这一错误思想的原因就在于他们对政治的理解还存在偏差,抗战时期的政治是为了革命胜利的政治,是为了阶级胜利的政治,更是以群众为基础的政治,并不是少数政治家的政治。所以,"政治口号"直接加入文艺作品中的做法是错误的,是违背了以群众为基础的"艺术服务于政治"的观点。那么,艺术与群众的关系是怎样的呢?在《讲话》中,毛泽东明确地界定了文艺作品的接受者为工农兵,也就是说,真正的革命艺术工作者应深入到工农兵中,在他们中间完成普及和提高的工作,要从"小鲁艺"到"大鲁艺"中去。所以,抗战时期的文艺创作也是应以团结群众、提高其生产热情为宗旨。至此,政治、艺术与群众的关系才有了明确的界限。与《讲话》前不同,革命文艺工作者在深入理解其精神后,可以避免以前所犯的"左"的偏见和"右"的偏见,也可以避免之前艺术创作中的"空中楼阁",切实做到艺术为政治服务的根本要义。

具体来说,革命艺术工作者的任务是什么呢?毛泽东同志也对此明确地表示:"一切危害人民群众的黑暗势力必须暴露之,一切人民群众的革命斗争必须歌颂之。"❸那么,群众自身所暴露的问题该如何处理呢?毛泽东接着指出:"人

---

❶ 毛泽东.在延安文艺座谈会上的讲话[C]// 中共中央文献研究室,中央档案馆.建党以来重要文献选编(1921—1949):第19册.北京:中央文献出版社,2011:300.

❷ 毛泽东.在延安文艺座谈会上的讲话[C]// 中共中央文献研究室,中央档案馆.建党以来重要文献选编(1921—1949):第19册.北京:中央文献出版社,2011:303.

❸ 毛泽东.在延安文艺座谈会上的讲话[C]// 中共中央文献研究室,中央档案馆.建党以来重要文献选编(1921—1949):第19册.北京:中央文献出版社,2011:308.

民大众也是有缺点的，这些缺点应当用人民内部的批评和自我批评来克服，而进行这种批评和自我批评也是文艺的最重要任务之一。"❶所以，在艺术作品中的批判只有两种形式，一是对侵略者的行径进行暴露和揭露，这样才能让群众提高对抗战的积极性，产生文艺作品应有的普及效用；二是要借用艺术的形式，对群众内部所发生的错误进行自我批评，这种批评并不是要将群众当成我们的敌人，而是在自我批评中得到提高。

至此，《讲话》的精神将过去文艺界所产生的大多数错误都进行了批评和修正，为后来的抗战艺术奠定了理论依据。为了深入贯彻这次座谈会的精神，也为了彻底消除艺术中的教条主义和脱离群众等缺点，一场整风运动也随之展开。

---

❶ 毛泽东.在延安文艺座谈会上的讲话[C]// 中共中央文献研究室，中央档案馆.建党以来重要文献选（1921—1949）：第19册.北京：中央文献出版社，2011：308.

第二节 《讲话》之后的美术教育及美术创作

在文艺整风运动和《讲话》后，鲁艺师生展开了近三个月的整顿与反思，并以讨论、辩论的形式进行自我批评。其辩论的重点则是鲁艺的教育方针与实施方案上是否还存在错误？大家都持不同的观点，大致可以分为三种：一是观点较为激进的，他们认为目前还存在主观主义的问题，在教育方针和实施方案上都存在缺陷；二是观点较为保守的，他们认为这两者都没有较大的缺陷；三是观点较为温和的，他们承认了教育方针的准确性，但在实施方案还存在缺点。最终经过辩论，对于鲁艺教育方针和实施方案的问题有了如下的总结："鲁艺的教学工作和实际脱节、和运动脱节，教育计划和实施方案里缺乏研究现况的精神，关门提高的偏向从中发生。表现在课程配备上，就是充斥着西洋古典。表现在艺术作风上，是从个人出发，不注重普及和对普及的指导。接受遗产的批评的、战斗的精神，也很不够。由这所产生在个人身上的影响，就是都想做专家，但对专家的概念有认识模糊，强调技巧，集团主义的发展受到障碍，个人突出。"❶可见，在此之前关门提高和轻视普及的错误思想在鲁艺教学中是极为严重的。尽管在鲁艺全院都进行了长达三个月的学习和辩论，但教条主义的残余还是时有存在。康生在《解放日报》上发表的《目前延安整风学习中的文件研究与工作检查》一文中提道："在学习上，是写笔记开会议多于看文件的问题……因此教条主义的学习方法，学用脱节与言行不符的现象，却仍然存在。"❷可见，在鲁艺中，大多数人对于文件的理解还是很不到位的，这不仅影响了其政治修养的提高，而且极有可能在艺术创作中表现教条主义的错误倾向。所以，想要收获更多的成果和成效，鲁艺还需要针对性地提出方针。

1942年9月9日，周扬同志在《解放日报》中发表了一篇名为《艺术教育的

❶ 鲁艺全院展开热烈辩论[N].解放日报，1942-8-4.

❷ 康生.目前延安整风学习中的文件研究与工作检查[N].解放日报，1942-8-11.

改造问题》的文章，文中对于以往鲁艺在教学中犯过的错误，以及即将确立的正确方针都有了详尽的阐述。他认为，大多数的同志之所以犯了艺术中的教条主义错误，是由于他们将艺术与政治分割开来了。在学习马列主义的时候，大多数同志都会要求自己避免教条主义，并定期展开自我批评。但在艺术学习和教育中，却轻视了主观主义、教条主义错误的严重性。周扬同志将教育方针与实际相脱节的现象总结为"关门提高"。关门提高这一错误的是由何原因造成的呢？他在文中说道："鲁艺是一个培养专门人才的学校，要提高是对的，但我们却把提高和普及机械地分裂开来，成了提高普及二元论，造出了关门提高的错误。"[1]提高与普及的问题在前文中已有明确的阐述，在此就不再赘述了。那么，在认识到了错误思想的来源之后，正确的方针应是什么呢？周扬同志提出了"从客观实际出发"的新的具体方针。客观实际即是"抗日战争与抗日民主根据地，以及在战争中和民主政权下迅速而广泛地展开的大众的革命文化的工作。"[2]这正是在《讲话》和整风后鲁艺最为确切的方针，以革命根据地、工农兵以及革命根据地的群众为基础，才能使艺术创作回归地面。那么，如果要文艺整风后的新文艺更有发展的前途，艺术与大众的关系更应该明确。周扬同志说："艺术从意识上去改造和提高大众，同时又在大众的方向和基础上来改造和提高自己。毛泽东同志指示我们，文艺应为大众，这就是新文艺运动的根本方针。"[3]并且，文中也提到了艺术创作的具体办法，到底该怎样从大众中汲取养料，即"从发生根源上说，一切文艺都是从民间来的，高级的东西也正是由低级的东西生长起来的；从内容来说，凡有价值的艺术作品，都应当是反映民众生活的；从对象来说，民间文艺是自然地直接诉之于民众自己的，革命文艺也应当是诉之于民众的，即使目前常常是间接地，但必须有意识地努力来求得与民众直接的结合。"[4]可见，艺术与大众的关系是交互的，艺术通过普及和宣传的手段可以提高群众的思想，鼓动群众对抗战更有热情；而群众的思想有所提高后，对艺术作品所反馈的意见也能改造艺

[1] 周扬.艺术教育的改造问题[N].解放日报，1942-9-9.

[2] 周扬.艺术教育的改造问题[N].解放日报，1942-9-9.

[3] 周扬.艺术教育的改造问题[N].解放日报，1942-9-9.

[4] 周扬.艺术教育的改造问题[N].解放日报，1942-9-9.

术创作者和艺术作品。所以，政治、艺术与群众的关系便明晰了。艺术创作者们也纷纷开始在具体的创作中做出不同的改变。

1943年4月3日，何其芳在《解放日报》中发表了名为《改造自己，改造艺术》的文章，将《讲话》前文艺作品中的问题和《讲话》后如何进行创作两方面进行了详要阐述。他将过去文艺作品的问题大致概括为两点，即存在小资产阶级的内容表达和欧化的思想和表现形式。在《讲话》中，毛泽东同志将文艺作品的接受群众规定为工农兵，显然在此之前的文艺作品是没有做到的。"使文艺从小资产阶级的变为工农兵的，从欧化的变为民族形式的，这也是一种改造，并且同样是需要长期努力的改造。"❶所以，从小资产阶级的固化思想中脱离出来，与工农兵相结合才是文艺创作的正道。而改造艺术的根本是改造艺术创作者自身，只有"经过了自我改造之后，我们有了无产阶级的眼睛去看事物，有了无产阶级的心去感受事物，文艺的一个最基本问题，内容的问题，就差不多可以解决了。形式的问题是从属的，是比较容易解决的。"❷可见，文艺工作者必须坚定共产主义的政治思想以及新民主主义的艺术思想，深入工农兵中间，才能解决以往艺术作品中的内容和形式的问题。

1945年初，边区又举行了一次美术展览会，"这次的美术作品连图表、人像、布画、连环画、木刻、剪纸、画册在内，一共有三千五百四十五张。"❸从作品的数量上看是空前的。内容上也以军队备战、民主选举以及破除迷信等题材为主。这次的展览会具有以下三个特点：一是连环画在美术工作和展览会中占据了主要的位置，据统计，本次展览中的连环图画多达349套，共2831张，占据总作品数量的80%，可见在当时的美术工作中连环图画所占有的重要地位；二是产生了图表画的新形式，图表画即是绘画与图表的新结合，这种表现形式更能使群众对美术作品有着直观的理解；三是本次展览会中的作品有着较强的普及作用，每一位参展的创作者都是依据实际生活中的内容为创作的题材并采用了适合其内容的表现手法，通俗的、大众化的表现形式配合其边区实际生活的内容使得展览中的

❶ 何其芳.改造自己，改造艺术[N].解放日报，1943-4-3.

❷ 何其芳.改造自己，改造艺术[N].解放日报，1943-4-3.

❸ 力群.从展览会看美术工作[N].解放日报，1945-1-18.

美术作品有着极强的普及和宣传效用。针对此次展览会，力群在评论文章中也将其与《讲话》前的美术工作进行了比较，他说："如果说整风之前的美术工作还大半是漂浮在实践生活的上面，而且活动得并不广泛，那么整风之后，我们的美术工作是深入在实际当中，和边区的现实生活结合在一起，而且更加把阵营给扩大了，这只要看最近的文教展览和边区建设展览会的情形就可以得到明确的回答。"❶《讲话》和文艺整风的精神中，明确地制定了文艺创作的新方向，使文艺创作者必须面向工农兵，将文艺作品的受众更为具体地界定，这也就使得文艺创作者能够更深刻地深入实际中，正因如此，边区的抗战和文化教育工作也更进一步。诚然，当前的美术工作起到了极强的宣传中央政策的普及作用，但由于时间紧迫和物资缺乏，美术作品中对于人物的刻画还是存在创作者缺乏观察的问题，这也是力群对美术工作提出来的一点意见。

1945年4月，针对神像格式和年画形式也开发了广泛的讨论和研究，这同样是艺术服务于政治、服务于群众的具体力证。力群等同志在《解放日报》中发表的《利用神像格式问题》（图1-7）一文中提道："我们认为，不管用怎样的方法去利用旧年画的形式，必须合乎提高老百姓的文化，提高老百姓战斗生产热情的目的，他和宣传封建迷信的旧年画是根本不同的。"❷由此可见，新的形式和内容即是为了破除群众思想中根深蒂固的封建迷信，所以"钟馗""麒麟送子"等旧形式是不可以再被利用的。针对绥德、延安和关东的现实状况和群众反馈，旧形式的灶神像中并不能安置类似于现代革命英雄人物的新内容，所以余华同志提倡

图1-7 力群等发表在《解放日报》上的《利用神像格式问题》

---

❶ 力群.从展览会看美术工作[N].解放日报，1945-1-18..

❷ 力群等.利用神像格式问题[N].1945-4-12.

的利用旧形式的观点是应该被否定的。正确利用新形式才能提高群众的文化素养和生产热情，比如《念书好》《平型关大战》和《识一千字》这种作品才能发挥应有的宣传和普及作用。5月18日，罗工柳和王朝闻分别在发表的《关于年画》和《年画的内容与形式》文中，对旧的年画形式进行了具体分析。罗工柳在文中说道："群众的要求是表现他们自己的生活和生产，有美丽的颜色就好；神不神，人不人，他们都不大喜欢。"[1]群众的要求其实并不复杂，符合他们审美需求的作品仅需要表现其生活、生产的内容和带有鲜艳的颜色即可。如延安地区制作的《丰衣足食图》（图1-8）、《门神》《大战平型关》以及定边地区制作的《纺织图》和《全家福》就深受群众的喜爱。所以，新形式的年画创作刻不容缓。那么，在此之前年画创作中的两对矛盾，即现实内容与封建迷信内容的矛盾、新形式与旧形式的矛盾都可以迎刃而解。内容上应取现代题材，不违背现实生活的内容皆可进入创作，而封建迷信的内容都应该摒弃。形式上则要求创作者切实理解群众的审美需求。颜色是决定年画销量的关键因素，所以新形式的年画必须做到线条单纯、简单，颜色鲜亮。

1945年秋，随着抗战的胜利，鲁艺的师生、工作团为前往新的解放区而忙

图1-8 力群《丰衣足食图》

---

[1] 罗工柳. 关于年画[N]. 解放日报，1945-5-18.

碌准备着。后来，鲁艺工作团有的前往了华北解放区，有的则继续北上前往东北解放区。胡蛮在翌年发表的《解放区的木刻——新年木展后记》和《解放区的美术运动》中也对延安鲁艺这七年多的美术工作进行了回顾，他说："在抗战初期，延安木刻创作还不能和群众相结合，无论是在内容方面和形式方面都还存在着一些缺点。自从毛泽东同志一九四二年五月在延安文艺座谈会上的讲话以后，所有解放区首先是延安的木刻工作者开始转变了，也逐渐加深了与群众结合的新作风，以其新的认识与新的感觉创造出了许多新的优秀的作品。"❶《讲话》是鲁艺创作发生改革的根本动力，也是解决了政治、艺术与群众关系的理论依据。

综上所述，鲁艺的教育工作和艺术创作分为两个阶段：一是《讲话》以前，鲁艺的方针还存在着缺陷，文艺界的思想也是不够统一的，在具体的教育工作和艺术创作中没有做到真正的艺术为政治服务；二是在《讲话》以后，毛泽东同志明确提出了艺术的接受者应是工农兵，并要深入他们中间，做到普及与提高并重。也就是说，在《讲话》之前，鲁艺的革命艺术工作者并没有厘清政治、艺术和群众的关系，仅是简单地认为描绘现实生活题材就是做到了艺术为政治服务。在《讲话》后，通过文艺整风运动的修正，革命艺术工作者才真正理解了政治、艺术与群众的关系，使得具体的艺术创作也能够真正为抗战服务，为群众服务。同时，也纠正了普及与提高的机械的二元论错误，一系列符合群众审美的脍炙人口的作品也随之涌现出来。总的来说，抗战初期鲁艺还不够成熟，而在《讲话》之后，鲁艺才真正成为中共文艺政策的堡垒与核心。

---

❶ 胡蛮.解放区的木刻——新年木展后记[N].解放日报，1946-1-24.

第二章　扎根东北，培养社会主义文艺工作者

第一节　从延安走来

　　1945年8月，抗日战争胜利后，中共中央决定将"延安鲁艺"迁往东北办学。1945年10月，周扬率领迁校队伍向东北挺进，然而在中途迁校部队便受阻，受中央指示返回张家口待命。1946年春，周扬奉命留在华北组建华北联大，其余部队便在吕骥、张庚的带领下继续向东北出发。1946年6月底迁校部队到达哈尔滨。1946年9月，国共和谈破裂，"鲁艺"从哈尔滨迁往佳木斯并入东北大学（图2-1），组成东北大学鲁迅文艺学院。1946年12月，中共中央东北局宣传部决定让东北大学鲁迅文艺学院脱离东北大学，组建成了五个文工（音）团。他们在东北各地进行演出和宣传工作（图2-2），对东北地区解放的宣传工作作出了极其重要的贡献。1948年11月2日，沈阳解放，东北鲁艺文工团随部队进入沈阳，即投入到了庆祝沈阳暨东北全境解放的演出宣传活动之中，同时也为庆祝中华人民共和国的成立进行了大量的准备工作。同年底，中共中央东北局决定，"鲁艺"在沈阳恢复办学，便在东北鲁艺文工团的基础上，成立鲁迅文艺学院。1949年9月，鲁迅文艺学院更名为"东北鲁迅文艺学院"，简称"东北鲁艺"（图2-3）。

　　1950年，朝鲜战争爆发。由于国际形势的急剧变化，东北局紧急命令东北

图2-1　"鲁艺"美术系与佳木斯师生配合土改进行宣传

图 2-2 "鲁艺"第四团在丹东的合影

图 2-3 1949 年的东北鲁迅文艺学院

鲁迅文学院迁往哈尔滨，校址在哈尔滨市中央大街三号大白楼。同年11月，学院抽调美术部、戏剧部和音乐部师生成立了"鲁艺抗美援朝文工团"，奔赴朝鲜前线进行慰问演出。在战火纷飞的前线，"东北鲁艺"抗美援朝文工团圆满地完成了任务。1952年，朝鲜战局趋于稳定，"东北鲁艺"便于9月奉命迁回沈阳并前往沈阳南湖建立的新校址（沈阳市和平区三好街19号，今鲁迅美术学院校址所在地）。1953年，为了适应时代的发展，东北鲁艺改变了综合办学的形式，在东北鲁艺美术部的基础上成立了东北美术专科学校（图2-4），并于1958年发展为现在的鲁迅美术学院（图2-5）。

从1938年的鲁迅艺术学院到1958年的鲁迅美术学院，延安鲁艺精神经岁月打磨，历久弥新，逐渐在东北扎根、在东北发展。"紧张、严肃、刻苦、虚心"是1940年毛泽东同志在鲁迅艺术学院召开两周年纪念大会上亲笔写下的校训，直到今天，"鲁艺"人仍然将其作为精神动力，时时刻刻提醒我们是一所从延安走来，继承党的优良传统的学校。

图 2-4　1953 年的东北美术专科学校

图 2-5　1958 年鲁迅美术学院挂牌成立

第二节 坚守"鲁艺"精神

"延安鲁艺"是中国共产党建立的第一所高等艺术学院，在战火中诞生，在革命中成长。文艺工作者们始终遵循党的宗旨，沿袭"延安鲁艺"精神，按照毛泽东同志的指示——"我们的文学艺术都是为人民大众的，首先是为工农兵的，为工农兵而创作，为工农兵所利用的。"❶，做到了理论与实践相结合，文艺与时代、人民相结合。事实证明，延安时期的鲁艺精神经受住了党和人民的考验，在培养了大批年轻文艺骨干的同时，也为中华人民共和国成立后的文化事业奠定了重要的基础，开启了新中国美术的新篇章，为党的文艺事业作出了杰出的贡献。与此同时，"延安鲁艺"精神逐渐演变，在东北扎根，在东北发展，形成具有东北特色的、真正适用于东北的"鲁艺精神"。

"东北鲁艺"精神是在延安精神的感染下形成的，这是毛泽东等老一辈无产阶级革命家的优秀成果，是中国特色社会主义的优秀成果。从1945年延安鲁艺迁校至东北到1958年发展为鲁迅美术学院，"鲁艺精神"在东北生根发芽、大放异彩，学校也步入到快速发展与繁荣的新阶段。1959年，统计数据显示当时学院的所有在校学生合计近七百人，足以说明学校的受欢迎程度。从1959到1968年，鲁迅美术学院始终砥砺前行，不忘"鲁艺"精神，严格履行我党的政策方针，同时也坚持履行着文艺为人民服务的指导方针，发扬"东北鲁艺"精神，将艺术创作与社会主义建设紧密结合，这期间创作出的众多的文艺作品不仅是鲁迅美术学院的瑰宝，更是"鲁艺精神"的价值体现。

1958年11月，在北京举办的"首都十大建筑美术工作会议"中，鲁迅美术学院承担国庆献礼的创作任务，包括支援首都十大建筑的绘画创作、美术装潢、纪念雕塑等。其中的组雕《人民公社万岁》可以说是高扬社会主义旗帜的艺术经

---

❶ 毛泽东.在延安文艺座谈会上的讲话[C]// 中共中央文献研究室，中央档案馆.建党以来重要文献选编（1921—1949）：第19册.北京：中央文献出版社，2011：301.

典之作。在1958年末到1960年间，鲁迅美术学院再接再厉，继续发扬"鲁艺"精神，以各种形式进行创作，例如油画、版画、素描、国画等，也因此产生诸多代表"鲁艺"精神的作品，其中包括附中毕业班的赵华生、李林祥、张永新、陈曦光等集体创作的素描组画《白手起家》，国画系师生创作的组画《鞍钢颂》《攻尖端》等。这些作品皆以工人为创作对象，表现了东北老工业基地的生产状态与工人的工作状态。此外，在历史画的创作与工艺装潢设计中，也有显著的成就。代表性的绘画作品有任梦璋的《攻克锦州》、晏少翔与盛平合作的《施耐庵著〈水浒〉》、王绪阳的《黄巢起义军入长安》等。而工艺装潢设计方面也力争上游，分别参与了全国农业展览馆、中国美术馆、北京火车站等设计建筑装饰，且好评如潮。

自新中国成立后，鲁迅美术学院发扬优良传统，成果斐然。这些作品既体现了为人民服务的创作初衷，又服务于社会主义建设，是"东北鲁艺"精神价值的传承。在1960年中央召开的北京全国文教界群英会上，鲁迅美术学院被选为全国文教界先进集体，由张启仁院长出席会议并上台领奖。1960年7月，中央文化部教育司将鲁迅美术学院的教学情况告知全国艺术院校。这些是"东北鲁艺"精神得以发扬的最好印证，再次说明了"东北鲁艺"精神对于新时代文艺创作工作的突出贡献。

伟大的事业需要伟大的精神。"东北鲁艺"精神坚持正确的文艺发展方向，拥有正确的理想与信念；坚持文艺报国的中心思想，凝聚强大的精神力量；坚持为人民服务宗旨，扛起社会文艺担当的旗帜。因此，我们要坚定信心、要砥砺前行、要弘扬鲁艺精神，为祖国和人民放歌抒怀，助力国家富强、民族复兴大业，推出更多更优秀的精品力作，书写人民伟大实践、讴歌党的丰功伟绩。正因如此，今天的鲁迅美术学院依旧绽放着耀眼的光芒。

从1979年至今，鲁迅美术学院不忘初心，牢记使命。在这数十年间，多次在大型文艺活动中崭露头角，出色地完成了国家交给的任务，书写了一篇令人满意的文艺新篇章。在课程教授方面，学校紧跟时代潮流，积极把握艺术创作的变化，合理调动学生的创作积极性从而为社会服务。在办学思想上，仍然秉承着"鲁艺"精神，坚持艺术创作是"来源于生活，最终会回归到生活"的原则，凭借着多年以来的优良传统与责任感，创作出众多优秀作品，这些优秀的作品不仅推动了文化产业的发展，也为城市建设添上了重要一笔，为艺术工作作出了应有的贡献。

第三节　促进文化交流，助力城市建设

一、促进文化交流

2017年，时任院长的艺术家李象群在一次采访中说道："传承鲁艺精神，是鲁迅美术学院一直践行的精神追求。而我本人也期望举起鲁艺精神这面旗帜，主动担当文化建设重任，以此来为振兴老工业基地尽力。这个毕业季的活动就是为了能让毕业生真正铭记并践行鲁艺精神。"同时，他表示未来文化竞争力将是国家核心竞争力，以艺术为代表的文化创意产业的生产与教育将会不断扩大在经济中的比重，并终将占据生活生产的核心地位。东北这片历经辉煌却一度沉寂的土地正期待着一场文化艺术的复兴，来点燃蕴藏于黑土地之下的无限生机。事实上，自改革开放以来，鲁迅美术学院一直紧跟社会脚步，准确地把握发展方向，为当地文化产业的发展贡献出自己的力量。

1979年"全国美术学院素描座谈会"召开之后，鲁迅美术学院进行教学大改革，在充分提高学生基础功底的同时鼓励学生积极创作积极探索，定期举办教师研修班以提高教师的授课水平。仅一年时间，学院的整体水平稳步上升，屡次斩获国内大奖。1980年，学院倡议坚持四项基本原则、坚持"二为"方向、贯彻"双百"方针、立足东北，面向全国的学报《美苑》（季刊）创办，如今，《美苑》陪伴艺术学子们走过了40个年头，为科研学术成果的交流提供了有效的平台。在2016年，《美苑》杂志恢复《艺术工作》刊名。据悉，《艺术工作》创办于1938年，原为鲁迅美术学院前身——延安鲁迅艺术学院院刊，主要刊登当时鲁艺师生创作的美术作品与理论批评文章。无论是《美苑》还是《艺术工作》，都是鲁艺精神的传承，都为当代文化艺术建设提供学术支持，为广大师生提供学术交流的平台。

与此同时，为了更好地契合我国扩大开放的发展形势，学院积极推进对外交

流活动，促进国内外文化艺术的交流，先后同国内外的多所艺术院校建立了校际关系。秉承着"请进来、走出去"的原则，聘请了海内外的知名专家学者来学校进行考察与交流，高规格的学术互动与展览观摩的增多意味着师生有着更多的对外交流的机会，也正是这样的"一来一往"促进了对外文化交流事业的提升。例如，版画系先后邀请俄罗斯列宾美术学院与美国知名的学者专家来学校进行艺术交流与研讨；油画系举办了"鲁迅美术学院油画作品香港首展"，并邀请到俄罗斯大型绘画艺术家贝斯托洛夫来学校进行素描教学的培训；雕塑系与韩国圆光大学校美术学院雕塑系建立友好联系，通过办展、互派教师任教等方式进行学术交流；摄影系与香港理工学院太沽设计学院的摄影系建立了长期的学术联系，彼此间先后进行多次的个人或集体性的考察访问等活动；染织服装艺术设计系则先后与日本、美国的艺术院校展开一定的学术交流活动。此外，学院的老师之间还积极开展学术交流活动，进行艺术观念的互动与碰撞。

2018年10月，第十二届全国高等院校美术史学年会在鲁迅美术学院举办（图2-6）。据统计，海内外的美术史及理论专家、学者、艺术工作者约300余人参加了本次年会。其中，特邀嘉宾35人，正式代表69人，共计104人。本次美术史学年会共分四个版块，七个专题进行讨论。共有34位学者发表演讲，20位专家进行点评，会场气氛热烈。此次年会以强调"作品"——美术史的延伸与外延开始，认为"作品"的含义不止包括美术（fine arts）概念下的艺术品，而是

图2-6　2018年第十二届全国高等院校美术史学年会在鲁迅美术学院举办

涵盖了当今全部美术史的研究对象。事实上，百年来中国的美术史研究，从单纯的介绍到以马克思主义理论作为研究方法，再向运用风格学、社会学、图像学等多角度的研究领域迈进。在研究方法趋向多元化的今天，我们有必要回到原点，即作品本身以及中国文化的传统。只有回归到作品本身重新审视美术史的内涵与外延，只有以自身文化为基准探讨属于自己的美术史，才能更加深入、更加准确、更具特色地对美术史进行研究与书写。盛况空前的美术史学年会的成功召开让鲁美学子们真切地感受到国内外大咖对于学术的认真态度与思想方式的巧妙，在拓展艺术视野的同时也提升了艺术造诣，扩大了美术史论系在业界的影响。

在当代文化环境中，鲁美人将延安鲁艺精神传承至今，在本土艺术与西方艺术抨击中达到平衡，赋予艺术品文化内涵的同时推进文化艺术的交流与融合。事实上，自1989年鲁迅美术学院与辽宁省美术家协会、辽宁省博物馆合作举办"钟质夫、季观之、晏少翔、郭西河中国画联展"开始，鲁迅美术学院就与辽宁省博物馆紧密联系、强强联手，为沈阳群众打造了一场又一场的艺术盛宴。如今，推动文化交流发展，将鲁迅美术学院打造成品牌美院已经成了学院的新目标，以后学院将再接再厉，为当代文艺的发展贡献力量。

二、助力城市建设

1958年底，鲁迅美术学院接到为十周年国庆献礼的十大建筑工程的雕塑制作任务。1959年，在雕塑系师生的共同努力下完成以"工、农、商、学、兵"和"农、林、牧、副、渔"为主题的《人民公社万岁》（图2-7）两座广场组雕，两组作品从焊接骨架到完成泥稿历时4个月，作品以形体结构的高度概括及装饰化的手法，呈现了中国气派、中国风格的民族自豪感。这两组组雕的作者，一组是王熙民、曲乃述、高秀兰、吴国璋、苏兆海；一组是杨美应、李仁章、陈绳正、田金铎、张秉田。事实上，由于雕塑体量的庞大，完成这样的作品实属不易。艺术家们的创作风格与表现手法的不同常常让大家产生分歧，给这次创作带来了不小的挑战。为了能顺利完成创作，师生们统一认识，明确了"远看是统

一、向前跃进的，有豪迈的启示，近看又有丰富的情节"❶的要求，并且深入农村，参加劳动，才得以展现出中国人民建设社会主义的劳动热情和宏伟理想。这是雕塑系为助力美丽城市建设中的初始作品，全体师生深入贯彻党的社会主义建设总路线，学习毛泽东文艺思想，让教育与生产劳动相结合。

图2-7 《人民公社万岁》组雕，上《工农商学兵》，下《农林牧副渔》

1967年8月，原沈阳军区成立毛主席雕塑办公室，决定在沈阳市中心的红旗广场（今中山广场）塑建毛主席像——《毛泽东思想胜利万岁》（图2-8）。与此同时，也确定由鲁迅美术学院雕塑系承担相关的艺术设计与创作工作。这座大型组雕在1966年就开始构思设计，历时三年时间完成。这座气势恢宏的群雕工程以10.5米高的毛泽东塑像为主要形象，并有58个栩栩如生的人物紧紧围绕在周围。58位人物是从沈阳的各行各业挑选出的典型人物。据参与创作的老教授回忆，当年为了生动展现群雕的整体效果，先按30厘米高的标准将全部雕塑制作

❶ 鲁迅美术学院雕塑系. 创作"人民公社万岁"圆雕的体会[J]. 美术研究，1996（1）.

出小样，以供审查，接着再按照领导提出的意见进行修改，经历最初的方案沙盘、方案创作小稿、中稿、正稿、翻作放大等多个阶段程序，最后在辽宁工业展览馆中央大厅内现场制作。如今，该组雕坐落在沈阳市中山广场，被专家赞誉为"城市雕塑之冠"，是全国保存最为完整的毛泽东塑像群雕工程，也已经成为沈阳市与"鲁美人"难忘的历史记忆。值得一提的是，在2007年该雕塑被列为省级文物保护单位，赢得了社会广泛的赞誉。其实鲁迅美术学院做的远不止这些，遍布全国的大型雕塑让"东北鲁艺"精神再次得到传承。"东北鲁艺"精神助力美丽城市建设，自觉承担起文艺宣传工作，充分认识到文艺在推进中国特色社会主义伟大事业中的地位和作用，以满腔热血发出时代最强音！

图 2-8 《毛泽东思想胜利万岁》

第四节 贯穿始终的为人民服务的宗旨

2012年，在中国共产党第十八届中央委员会第一次全体会议上习近平同志当选为中共中央总书记。习近平总书记高度重视文艺的发展，并为中国文艺发展指明了方向，在《坚持和发展中国特色社会主义是当代中国发展进步的根本方向》一文中指出："发展中国特色社会主义文化，就是以马克思主义为指导，坚持中华文化立场，立足当代中国现实，结合当今时代条件，发展面向现代化、面向世界的，民族的、科学的、大众的社会主义文化。"[1]鲁迅美术学院传承"鲁艺"红色基因，更要积极响应党的号召，利用学院的艺术发展优势为人民服务，为党服务。因此，学院坚定不移地牢记"鲁艺"精神，开启国际化办学模式，通过与多个国家的高校联合与交流，培养了一批又一批符合社会主义发展的新时代的艺术人才。

自20世纪50年代起，鲁迅美术学院雕塑系接连创作出弘扬社会主义核心价值观的大型雕塑，如今已经坚持六十余年。2017年1月，由鲁迅美术学院集体创作的大型雕塑《旗帜》（图2-9）便是学院高举社会主义伟大旗帜的作品。在雕塑《旗帜》的纪念碑中，有着这样感动的话语："大型组雕《旗帜》，以鲜明的艺术语言刻画了全国56个民族和工人、农民、知识分子、干部、解放军指战员、新社会阶层等中国特色社会主义建设者，紧密团结在以习近平同志为核心的党中央周围，在中国特色社会主义伟大旗帜的指引下，众志成城，坚定豪迈地为实现中华民族伟大复兴的中国梦努力奋斗的昂扬精神风貌，展现了全党全军全国各族人民对中国特色社会主义的道路自信、理论自信、制度自信、文化自信。"作品《旗帜》展现了全国56个民族聚集在党旗之下，创新性地表达了新中国人民团结一致，众志成城的优秀品质。除此之外，鲁迅美术学院在大型历史题材创作方面

[1] 中共中央宣传部. 习近平新时代中国特色社会主义思想三十讲[M]. 北京：学习出版社，2018：25.

也居全国领先地位，全景画便是学院大型艺术创作整体实力的标志。目前，国内超过100平方米的全景画有12幅，其中11幅是由鲁迅美术学院完成的。而《锦绣中原》手绘油画全景画，更是以3012平方米的面积成为世界上最大的全景画，开创了吉尼斯的一个全新项目和世界纪录。这些全景画将我国历史进程的重要时刻完整地记录下来，并让我国大型美术作品创作进程得以更好的发展，同时也促进着鲁迅美术学院科研水平的提高和教学内容的拓展。回顾漫长的创新之路，鲁迅美术学院尊重艺术规律，坚持艺术为人民服务、为社会服务。

图2-9 《旗帜》

习近平同志在党的十九大报告的第七部分中指出："文化是一个国家、一个民族的灵魂。文化兴国运兴，文化强民族强。没有高度的文化自信，没有文化的繁荣兴盛，就没有中华民族伟大复兴。要坚持中国特色社会主义文化发展道路，激发全民族文化创新创造活力，建设社会主义文化强国。"同时他说道："必须把创作生产优秀作品作为文艺工作的中心环节，努力创作生产更多传播当代中国价值观念，体现中华文化精神、反应中国人审美追求，思想性、艺术性、观赏性有机统一的优秀作品。"

"鲁艺人"将强烈的爱国意识融进血脉中，在走过的八十多个春秋后仍然坚持弘扬中国传统文化。不论是设计作品还是绘画作品，都有着鲜明的传统文化元素，并且已经逐渐形成带有"红色意味"的文化标签。自鲁迅美术学院学院在东北扎根以后，积极改革，紧跟教学潮流，在创作形式上形成了以写实主义、古典主义、浪漫主义以及苏联模式与中国传统艺术形式优势互补的复合式美术教育与创作模式，并创造了一大批优秀的艺术作品。如王盛烈的国画作品《八女投江》❶（图2-10）、许勇的国画作品《郑成功收复台湾》❷、王义胜的国画作品《白求恩夜过封锁线》（1979）等，都是讲述真实的历史故事，以不同的艺术手法来还原真相。不仅如此，鲁迅美术学院教师在1981年临摹历代民族壁画名作也成为一件具有历史意义的壮举。王庆珍在文章《乌密风先生之于鲁迅美术学院——忆在导师身边的日子》中写道："乌老师娓娓道来的敦煌藻井艺术、壁画艺术、图案艺术、彩塑艺术……无形中将中国传统图案艺术中的构图严谨、布局合理、色彩协调、造型优美等特点……全面直观地让我们了解并体会中国历代传统装饰图案创作的特点……这种看似不经意的融合，造就了一代又一代设计精英，其实是将中国传统艺术的营养一点点地植入我们的思维。直到今天，我看到乌老师当年的教学笔记，才明白乌老师那看似信手拈来的中国传统艺术精粹。"❸除此之外，乌密风教授为完成《敦煌图案集》（合著）❹一书两次前往敦煌莫高窟，考察

图2-10　《八女投江》

---

❶　1958年作品，第二稿现藏于中国国家博物馆，入选莫斯科"第一届社会主义国家造型艺术展"。

❷　1958年作品是第一稿，现藏于鲁迅美术学院图书馆，2012年作品是第二稿，现藏中国国家博物馆。

❸　王庆珍.乌密风先生之于鲁迅美术学院——忆在导师身边的日子[J].艺术工作，2017（5）.

❹　《敦煌图案集》（合著）一书，由朝花美术出版社出版，并有英、法、德、俄等文字版，受到国内外好评。

观摩敦煌艺术的成果。敦煌的壁画艺术在不同程度上都发扬了中国气派和民族风格，形成独特体系的中国式佛教艺术，是外来文化本土化并延续传承的重要体现。乌密风教授便是敦煌艺术的传播者之一，她不仅筹建了鲁迅美术学院工艺美术系，开创装潢、染织两个专业且真正地做到了兼收并蓄，弘扬中国传统文化。

文化自信是一个国家、一个民族发展中更基本、更深沉、更持久的力量。没有高度的文化自信，没有文化的繁荣兴盛，就没有中华民族伟大复兴，因此文化自信的建立受到了社会各界的重视。鲁迅美术学院秉承着高度的文化自信，积极组织各种文化讲座活动，在社会需要的时候挺身而出，为社会培养有理想、有文化、有信念的人才；为人民创作喜闻乐见的艺术作品。鲁迅美术学院之所以能在一路风雨中走来，正是因为他坚持党的教导、坚持传承"鲁艺"精神、坚持艺术教育与思想政治教育相结合，因此一代代的艺术家都从这所拥有红色基因的学校中走出来。

第三章　陆国斌老师的学艺之路

陆国斌老师的同事刘红日曾说："陆国斌老师是一名优秀的共产党员，亦当称得上是一位'仁者'。原因无他，盖因其'爱人'之行也。'老吾老以及人之老，幼吾幼以及人之幼'，于别人是件难事，于陆国斌老师则是常事。陆国斌老师行事虽然低调，但仍然对围聚在他身边的家人、学生、同事和朋友产生了潜移默化的影响，跟随他或多或少地参与到助人为乐的行列中，这就是所谓的'君子之德风'。陆国斌老师坚持做好人、行善事，且一做就是许多年，支撑其行事长久的资金，除工资外，多来自其倾心作画之后鬻画所得。这就是'志于道，据于德，依于仁，游于艺'的现实写照。'有美玉于斯，韫椟而藏诸'是不恰当的，我愿为之彰，希望有更多的人了解其为人，并参与到他所坚守多年的义事中去。"是的，陆国斌老师就是这样一位低调行事的人，陆国斌老师的母亲从小教育他，要向雷锋同志学习。在他小时候看见父母无私地救助摔伤的人以及扶养无子嗣的邻居后，帮助他人的信念就一直深深地印在了他的脑海中。他父母救助他人的故事发生在1985年的春节期间，在辽宁省锦州市义县九道岭镇陆家附近有一辆马车翻进一个深沟里，陆氏父子听说此事赶到现场，立即把人抬出沟并借一辆马车将人送到公社医院，因医疗条件落后又送到县医院，尽管跟患者不认识，还是帮他交了医疗费。陆氏父子的行动感动了该院的领导和医务人员，医生给予了及时的救助，使病人苏醒，将情况告知家属。之后家属给鲁迅美术学院写了感谢信，并送来一面镜子。直到现在，陆国斌老师仍保留着这面镜子，上面写着"陆家父子，救死扶伤"（图3-1）。与陆国斌老师结缘是幸福的，这件事发生后的三十多年里，伤者家无论大事小事，他都有求必应；过年过节，不管多忙，只要是回老家，陆国斌老师都会抽空去看当年和父亲一起帮助的老人。有一次，义县电视台跟随陆国斌老师前去这位老人家里慰问，当老人讲起30年前的事情时依然很激动，泪水在眼眶里打转，声音几度哽咽。在这个家里，老人的儿子外出打工，儿媳妇患有精神障碍。二女儿和老人同在一个村子里，听说大家的到来特意带儿子过来，她的儿子十一岁，因为先天心脏病导致智力发育不全，上不了学，陆国斌老师拿

100元钱给孩子让他买吃的，孩子还挺懂事，一个劲儿地谢谢"大舅"。陆国斌老师说："这样的家庭，这样的现状，让我们对现在的自己要很知足，至少我们比他们健全，至少我们比他们富有，至少我们可以借助微薄之力帮助他们。"可以说帮助别人是他从小的愿望，当他迈入大学后就开始尽自己的一份力量帮助身边需要帮助的人。毕业留校后，陆国斌老师更是资助贫困学生，用实际行动尽心竭力地做好教师这一份普通而又光荣的工作。他资助的学生中很大一部分都成为社会的有用之才，可以说陆国斌老师的教育方式是融专业教育与思想政治教育于一体，这种教育方式培养出的不仅是专业人才，更是有利于社会主义发展的人才。

图 3-1 被助者家属送给陆氏父子的镜子

第一节　走上学画之路

　　陆国斌老师于1961年出生于辽宁义县九道岭，从小他的父母就教育他向毛主席学习、向雷锋学习。一有时间，他母亲就会给他讲雷锋的故事。打小起，"雷锋精神"就在他的身体中埋下了一颗小小的种子，他从小就灌溉孕育这颗小小的种子，期待着有一天它能发芽、成长（图3-2）。俗话说"种瓜得瓜，种豆得豆"，年少学习的雷锋事迹鼓励着他长大后要当雷锋的传人。小小年纪就胸怀大爱，这是何等珍贵。当同龄人还懵懵无知时，他就开始用实际行动证明着曾经在心中立下的誓言、在灵魂处许下的承诺，哪怕是风雨雷电也撼动不了

图 3-2 陆国斌老师在抚顺雷锋纪念馆

这颗幼小心灵的决心。我们被这一颗赤子之心感动了，当我们还在父母怀抱中遮风避雨时，他就扛起男人的责任站起来帮助身边需要帮助的人了。

1974年，他初中班主任沈丽生找到了他，这也成为陆国斌老师生命的转折点。当时他班主任的姐姐沈玲生在义县文化馆工作，并任义县文化馆美术组组长。他班主任认为陆国斌老师可以去她姐姐那里学习绘画。就此，陆国斌老师走上了艺术的道路。当时的他才13岁，还是个孩子，但是在这片革命的沃土中，他深刻体会到既然自己从事了这份职业就应该要承担相应的责任。从此以后他开始往返于文化馆与家之间。平凡的人生中总是有不平凡的事，在绘画中他找到了自我，找到了存在的价值。虽然他只能做一些小事情，但是这是为大家所做、为社会所做，正如他母亲从小教育他的那样，要向雷锋同志学习。雷锋的名字永远都镌刻在他的心中，他始终相信，不管是从事什么职业都要永远向雷锋学习，要为社会服务，承担起那份职业所需要付出的社会责任。拾起画笔，那就是一份艺术家的责任，东北多少革命事业的拓荒都有艺术家贡献的力量。他从村里的板报开始，用一颗小小的红心，将对祖国、人民无限的热爱凝聚在这里，此时的他就埋下了励志成为一名为社会服务的画家的心愿。但是作为一名画家不能没有文化，知识是一名画家应该具有的储备。既然要想改变自己、改变家乡，为更多的人服务，那么你就要变强大，什么能让自己强大，那就是知识，对于一个农村孩子来说，唯有知识才能改变自己的命运。

后来，无论是学校还是大队的人请他来画画，他都会义务帮助。1975年，他在义县文化馆画了水粉画《我敬爱的周总理》，凭着对周总理崇高的敬意，他打动了评委并获奖。就像是歌曲《绣金匾》中唱到的那样："三绣周总理，人民的好总理，鞠躬尽瘁为革命，我们热爱您。"人民都热爱周总理，就陆国斌老师而言那是来自灵魂的敬爱，是艺术中纯真的挚爱。正是在艺术中接受纯真的陶冶，才会让他以后毫无杂念地为祖国大好河山立传。

一个时代培养一代人的信念，陆国斌老师那个时代培养人民如何热爱党、热爱人民。那是个纯洁的时代，人民有着共同的目标。中国共产党将人民从水火中救出，让人民看到了希望，自然人民就敬爱她。陆国斌老师就是这样，他一直爱着党、爱着家乡的人民，不管是谁找他帮忙，他都会伸出援助的双手。1976年，

15岁的他为了表达对雷锋的崇高敬意，走访了当时20多个生产大队，收集关于雷锋的资料，一边收集，一边描绘雷锋的形象。每到一处，他就会在当地的学习园地中描绘雷锋。那种形象令人敬畏，令人感动。难以想象，他虽然年龄小，却孕育着如此平凡而又不平凡的梦想。每画一张，他就像是受到了一次精神的洗礼，能够与雷锋进行对话，雷锋也仿佛在教育着他以后要为人民多做好事。陆国斌老师的事迹就这样流传开来，义县很多人民都知道有个"陆画家"，专画雷锋像。幸福其实通过一件小事就可以获得，心灵通过一次小小的行动就可以得到洗礼。至今，陆国斌老师仍喜欢描绘雷锋的形象，因为那是他精神的寄托。一面面绘有雷锋形象的墙上，雷锋精神正散发光芒，雷锋的光芒温暖着我们的心，让我们感受到了人间的大爱，让失去亲人的人不再寂寞，让迷失方向的人们找到回家的路。在陆国斌老师心中，雷锋精神是我们永恒的精神家园。

"陆画家"的事迹流传开后，九道岭公社的领导特意去请陆国斌老师帮忙刻钢板，可以说陆国斌老师是随叫随到。白天他需要学习，晚上他就给公社义务干活，每一刀刻绘的都是他对党的热爱、对雷锋的赞礼。连续两个晚上，他一手把持着蜡烛，一手拿着钢刀在钢板上一刀刀地挥舞。那一刻他觉得他是踏实的、光荣的，因为没有什么能比为党服务、为人民服务更加光荣。当时年龄虽小，但是他却有着一片丹心。

1977年，陆国斌老师16岁，那一年他中学毕业。他满怀欣喜，因为他可以为人民做一些力所能及的事情了。为了能更好地帮助家乡的父老，他到义县九道岭公社工作。工作是他主动申请的。当时他挎着一个以红心装饰的小包，带着个小帽子，虽然很瘦，但是精神焕发。他跟领导说，"我不要一分钱，有一口饭吃就行"。他不是想要人民记住他，也不是想要得到领导的夸奖，而是希望成为雷锋一样的人，他要把自己奉献给人民，这是母亲一直以来的教诲。看着这个骨瘦如柴的孩子，领导被他的真情感动，当时就同意了他来公社工作。或许由于他有一点文化，领导给他安排当民兵连文书。但在公社他什么都干，就是一位"雷锋"。当时义县修大凌河桥，他一边负责自己的工作，一边帮助工人从事修建工作。16岁的他扛起建筑材料，一袋又一袋，用自己弱小的身体扛起了梦想、扛起了希望。当时他特别瘦小，用当地老人的话说就是"皮包骨头"，皮肤黝黑，但他"一马当先"，比那些年壮的男子都要积极。每天晚上他的耳朵都会被磨破皮，但是他并不会感觉疼，他觉得自己就是革命事业的"螺丝钉"，他要为自己的家乡贡献自己的一份力量。这个工程结束后，领导就邀请这位"陆画家"为桥头题字，至今，他为桥头的题字还留在那里，这是历史的记忆，也是他汗水的见证。

"陆画家"的名气在义县得到了广泛的传播，大家都要请他画画。学习园地让他画，公社活动让他画，广告招牌也让他画，连群众家里衣柜上的玻璃也是他画的。在当时能让陆国斌老师画衣柜上的玻璃是一种"时髦"。在审美匮乏的时期，十几岁的他完全可以利用自己的画画技术赚钱，但是他并没有。谁让他画他都画，而且从不要一分钱。找他画画的都要排队，等"档期"，人们得到他的画都如获珍宝。据当地一位名为戴宝奇的老人说："当时别人画的画都没有什么感觉，但是看着陆国斌老师的玻璃画，那不仅仅是像，而且你能感觉到画面有空气存在。"这不仅是因为他画得好，还因为陆国斌老师的精神感动着当地的人。

1980年，正是改革开放逐步开展之时，社会需求也进一步扩大。陆国斌老师的身影也渗入了企业之中，帮助企业产品进行革新以适应社会的发展需求。正是这一年，他也迎来了他人生的第一位伯乐。当时他为义县九道岭木材厂画广告牌，因为某种巧合，他在画广告牌期间认识了综合厂厂长王殿民。当时王厂长对他的绘画很感兴趣，或许是因为在农村，大家对会画画的人总会带有一丝羡慕的眼光。看到他的画后王厂长说道："有机会一定要帮助你去大城市学习。"这句话更加坚定了他的意志，要通过学习、通过画画"走出去"。或许他认为这是一句玩笑话，但是在王厂长心里当了真。有一天，王厂长找到了他，说要给他一次出去锻炼的机会，对他来说肯定是高兴的，能出去看看那是一件多么快乐的事情。去哪里？去毛主席的家乡，去雷锋的家乡——湖南。这对这位热爱毛主席、热爱雷锋同志的人来说是无比骄傲的事情。这件事也成为他一生的骄傲，他总是念叨"湖南好！湖南人好！我还想去湖南！"当时王厂长安排他到湖南省怀化县（今怀化市）锻炼，做玻璃电刻设计。这一次他不仅是去实践的，更是去做好事的，为怀化人民带去了新技术。当时东北去了三位师傅，其中关师傅是做水银的专家，还有一位王师傅是磨花师傅，陆国斌老师是做设计的。当时，怀化县玻璃工艺制作遇到了难题，水银与水产生不了化学反应，玻璃工艺完成不了。当时制作带有图案的玻璃需要用到硫酸，北方的制作方法是将硫酸用水调试后泼在玻璃上，经过一段时间玻璃上就形成了图案，但是在湖南怀化将硫酸调水泼在玻璃上后却达不到北方的效果。后来经过资料调查和积极思考，陆国斌老师与关师傅商量，如果用酸时不用调水，这样不仅可以缩短玻璃制作工艺的时间，还可以达到预期的效果，几经周折后终于实验成功。当时他们带了二十几位徒弟，教他们玻璃制作工艺，业余时间给他们讲绘画课，并为他们带去刻花与磨花工艺。当时的怀化县领导想让王师傅磨一个东北虎，王师傅没有专门学习美术，所以磨不出样品，后来陆国斌老师亲自上机设计出了一个虎纹图案，泼完水银后效果更佳。制作成功后受到了相关领导的好评，并想让他留在怀化。在业余时间，他边研究边实践，终于实验成功了玻璃电刻磨画，作品至今还收藏在怀化县。当时县长还亲自观看了他创作的作品，并希望他留在怀化县定居工作。但陆国斌老师想继续深入学习，所以回到了东北参加高考。

　　1981年，他到义县第二高级中学复习文化课准备高考，在此期间为该校画了很多学习园地，并多次为义县几百名父老乡亲义务画玻璃画。他有浓厚的家乡情感，总是愿意为家乡人民服务。1982年他在义县文化馆举办展览，后来又到义县交通局会议室画了一些水粉画，为东方商店画了各种宣传画。除此之外，他还为义县福利厂画彩灯以及货架的广告画。"小草青青胸怀大志，树高千尺莫忘根"，对于养育他的家乡，永远不会彻底离去，世上最亲的莫过于血浓于水的亲情，最值得怀念的莫过于家乡那一片土地。

第二节　成为"鲁艺"人

1983年陆国斌老师考入鲁迅美术学院。之后为中国人民解放军第六四一二工厂专门画"沈阳市十佳青年"——张永泰同志。后来认识了该厂的领导，领导请他在业余时间为厂画工具广告画，他欣然接受，领导要给他钱，他没要。领导万分感谢，认为这真是当代"活雷锋"，并给鲁迅美术学院写了感谢信，还赠送了一个画箱。这次活动让该厂的领导与职工都很感动，之后陆国斌老师又连续为厂会议室、招待所画了几十张油画，还为厂区建设做各种设计。这种奉献一直延续到该厂解体，后来还被誉为该厂的名誉职工。1985年在做毕业设计期间，他专门到了沈阳市制镜厂考察毕业设计所需的材料，而且拿去了他设计的小稿，并亲自找到了该厂设计科科长——刘安斌，谈话中提到了他这些年的学习和生活经历，感动了该厂的相关领导，一致决定让他在该厂进行研究与设计。正是由于他在九道岭镇以及怀化县的实践中对玻璃工艺产生深入的了解，所以他的毕业设计——《大连的传说》（该作品收藏于大连华能电厂）对辽宁省玻璃工艺技术的提升起了很大的推动作用，将普通玻璃工艺推向了艺术的高度。此作品受到了该厂领导与职工的好评，同时也为该厂的新产品研发作出了一定贡献，并获得了辽宁省新产品一等奖。当时厂长想让他留在厂里当技术厂长，希望他拓宽东北地区玻璃制造工艺的艺术价值。因为当时制镜厂的玻璃工艺设计缺少高端产品，大多数玻璃制品是民用产品，在技法上主要是用电刻然后泼水银。通过他的改良，先把玻璃切成块，然后先刻后泼水银，然后把线勾里面的水银留下，其余的全部擦拭。接着涂水粉，再铺油画颜料以及油漆，最后再把几块玻璃镶接起来。这样就能得到很好的艺术效果，将玻璃制品上升到了具有艺术审美性的作品上，成功地拓宽了玻璃工艺的影响力。

一提到陆国斌老师早年的代表作，那肯定是玻璃画《大连的传说》。该作品取材于大连的民间故事，讲述的是大连名称的来源。传说，在当地有两个孩子，一个叫大海，一个叫小妹，他们家里都很穷。为了生计，他们不得不给当地的财主干活。长大后的两个人产生了情感，可谓是两情相悦。为了过无忧无虑的生活，他们来到了一处三面环海、一面环山的半岛地区。有一天，他们得到了一个褡裢（布口袋）。这个褡裢特别神奇，里面可以随意流出玉米粒，有了它，大海与小妹就不用忍饥挨饿了。但是不巧，狠心的财主得知了这个消息，他带着随从去大海家要抢走这个褡裢，大海与小妹不肯把褡裢白手送给地主，他们来回撕扯，不料褡裢被扯断了。此时，神奇的事情发生了，大海与小妹手中拿的那个褡裢带着他们腾飞上空中，财主的那块破褡裢也飞向空中，越飞越高，越飞越高……突然，被扯破的褡裢变成了两座大山，只见天昏地暗，轰隆一声，地主与他的随从们被压在了山下。褡裢的两头变成了大山，其中间就是狭长的陆地，还是位于海边，所以人们就把海边的这个半岛叫作褡裢，久而久之就被人叫成了"大连"。陆国斌老师的这件作品就是表现了褡裢被撕破后，大海与小妹升上天空时的场景。

陆国斌老师是一个顽强的人，从小就是这样。尽管并不知道他创作时的生活状态，但是笔者采访过义县的一位名为戴宝奇的老人（图3-3），他形容了当时陆国斌老师生活的艰辛。那是1985年，当时戴宝奇的妻子在沈阳做手术，期间一直是陆国斌老师照顾他，虽然他们并没有血缘关系，但是因为是同乡，所以陆国斌老师对他们格外照顾。戴宝奇说："当时的他自己还是个学生，家里条件特别不好，但是他却有着一颗善心，用自己的能力帮助那些有需要的人。当时他自己舍不得吃、舍不得穿，用自己省下来的钱给我老伴买补品。在帮助我家期间，正值他毕业创作，他在画室一待就是一周，凌乱的头发、黝黑瘦弱的身体，让人感觉就是逃难来的，看着眼泪瞬间就要从眼眶中飞奔出来。"是啊，在那个年代，大学生们都充满着满身斗志与满腔的热火，他们渴望用知识改变自己的命运，渴望用知识为祖国奉献着什么。尤其是出身农村的学生，他们知道一定要掌握了知识，没有任何事情能够改变自己的决心，他们有着对知识、艺术无上的崇敬，那种敬意甚至是狂热的。在改革开放的那个时代，他们就像是婴儿一样吮吸着知识的营养。他们从来没有见过这么多知识，见过如此多元的艺术风格。除了苏联的现实主义艺术外，还有印象主义、达达主义、抽象表现主义、波普艺术……还能运用不同材料进行艺术创作，布料、玻璃、钢筋、水泥……对他们而言这是知识大爆炸时代，年轻人有着火一般的热情，想要去用生命投身于火热的艺术中去。这一代人打心底里有着对艺术的信仰，所以他们不会因为身体、生活的束缚忘却最初的理想。

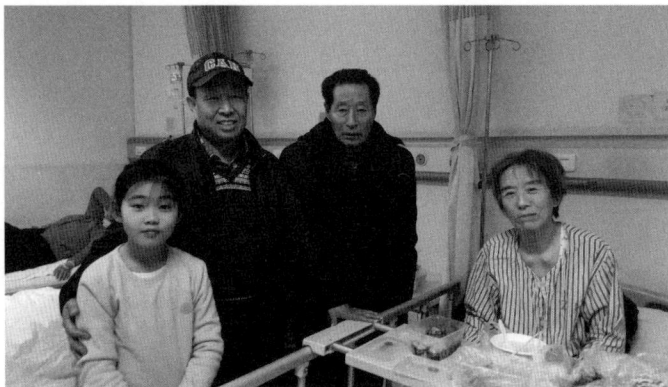

图 3-3　陆国斌老师与戴宝奇及妻子、孙女在一起

"立学先立德"是陆国斌老师经常给学生说的话，他用实际行动彰显着一位老师应有的道德品质。兼具老师与党员双重身份的他用自己的肩膀承担了教书育人与关注贫困群体的重任，用自己的实践行为教育着学生应该做一个怎样的人。陆国斌老师特别喜欢跟人提及徐悲鸿，他认为徐悲鸿能成为中国重要的画家、教育家的原因在于其品德高尚。他说："徐悲鸿他心系国运，在祖国最危难的时候用画笔为刀枪，创作出了一批鼓舞人心的作品。这就是一个艺术家应该有的品德，一切要以大局为重。艺术家需要有广泛的认可，而这种认可就是来自人民，所以我们要表现人民喜闻乐见的作品。"

陆国斌老师在鲁迅美术学院这所具有光荣传统的学校学习，让他知道了这所学校是从延安走来、从炮火中走来、从人民中走来，他知道在这所拥有红色血液的学校中永恒的传统便是"艺术为人民服务，艺术为社会服务"。从 20 世纪 50 年代的雕塑《人民公社万岁》到 21 世纪的雕塑《旗帜》就可以看出"鲁艺"精神的一脉相承。陆国斌老师作为一名艺术学校的基础课教师，更是牢牢把握住传统精神，从来不放弃自己的专业。即便是当下受到西方艺术的刺激，他也不放弃对鲁艺传统的继承。他教诲学生要牢记我们学校的使命，要用一颗最真挚的心从历史中、生活中摄取灵感。他对自己的艺用解剖事业不离不弃，他知道要培养一批群众喜闻乐见的历史题材、革命题材、社会生活题材的作品必须要有扎实的基本功。所以他不舍昼夜地给学生加课，自己也不忘去各地参加培训充实自己。他不像有的老师那样只会教学生绘画技法，而是在教技法的同时，将学院传统、红色基因都融入课程中讲解。他最喜欢谈老一辈鲁艺人，万今声、乌叔养、李福来、田金铎、祝福新、王盛烈、赵大钧、许勇……雕塑、版画、油画，他都能给学生梳理清楚。他每次都用老一辈艺术家们的精神去感动着同学们。他喜欢用许勇老师作为典型例子，他说许勇老师走到哪里都是一本速写本，他将艺术融入自己生活当中，用一双生命的眼睛观察世界，所以他画的画是那么真诚与动人。陆国斌老师他自己也是那样，他热爱生活、热爱大自然，他笔下的风景都是对祖国大好河山的歌颂，他笔下人物都是对美好生活的向往。就是这样一种正能量，激励着他和他的学生们拥有一颗热情饱满的心，对艺术、对生活毫不畏惧地去探索。

一个学校有传统的继承才会有灵魂、才会有特色，而陆国斌老师作为一名普通的老师，时刻教诲着学生要继承"延安鲁艺"的精神，要肩负起艺术家的时代使命。

第四章　思想政治教育理念与影响学生状况

教书的第一目的是育人，而思想政治教育则是育人的基础，只有先教会了学生深刻地领会学习的重要意义，领会做人的真谛，才能让学生有方向性地深入到专业学习深造之中，以学习深造来实现集体价值与个人价值的有机统一。习总书记强调教育要"立德树人"，作为教师首先需要先立德，以自身之品德，言传身教，影响学生。只有将专业教育与思政教育相结合，才能让学生从跨入大学第一天开始就将专业学习与社会理想结合在一起，成为一名有专业理想、有社会志向、有爱国情怀的人才。如果教育仅仅只是培养一技之长之人，那将失去教育的灵魂。学校作为人才培育的重要基地，如果没有了求真、务实的专业精神，没有为人民服务的奋斗目标，那么我们的教育就不能扛起伟大复兴的重任。因此，只有将专业教育与思想政治教育结合，才能从源头上消解唯利是图、利己主义、学术弄虚作假等不良风气。专业学习的基础是培养学生对真善美的追求，进而让他们成为国家之栋梁，如果仅仅为了发表一篇论文而走上论文买卖、抄袭等的歧路，那么谈什么科学精神的追求？所以专业教育不仅仅只是教学生学习知识那么简单，而是要在知识学习的过程中培养真正有理想的、有信念的、有追求的人才。如此一来，专业学习过程中一定要融入思想政治教育。陆国斌老师就一直坚守在专业教学之中融入思想政治教育的路上，他也一直坚持用微薄的工资来资助贫困学生，用实际行动传达正确的价值导向，用生命灌溉孕育着祖国的花朵，就其个人而言，真正地在践行"三全育人"的思想精髓。

第一节　资助困难学生

陆国斌老师是鲁迅美术学院的一名教解剖课的老师，解剖课是全校的一门公共课，学校大部分专业学生都需要上此课程。每次上课的时候，陆国斌老师都要告诫大家："想学习好，想要将来有所作为，就要先学会做人"。然后陆国斌老师还会说，要是大家无论什么地方需要老师帮助的，都可以给他打电话，接下来他就把自己电话号码写在黑板上。每次很多学生都会很诧异，天下真有这么好的老师吗？觉得这位老师还真的挺特殊的。但是后来，陆国斌老师用他的实际行动证明着自己是一位平凡而又不平凡的人。鲁迅美术学院2015级本科生张乃元说："陆国斌老师经常资助家庭贫困的学生，每当老师看到有需要帮助的人总是会伸出援手，我就是那些被资助的学生之一。我小时候家境贫寒，父母离异，与爷爷奶奶一起生活，从小喜欢画画，但是由于家庭条件不允许，只能把学画画当作是自己的梦想。后来有幸遇见了陆国斌老师，帮助我接受正规的美术教育。在画室里，我遇到了很多与我一样受到老师资助的学生，还有许多来自农村的孩子。陆国斌老师让我们有了追逐梦想并为之奋斗的机会，圆了我们的大学梦。"

鲁迅美术学院2016级本科生佟丽娜说："人们仰视伟大，崇敬伟大，可有时候却很难发现伟大，更难想象伟大会在我自己的身边。我在高三时因为美术与陆国斌老师结缘，也是在陆国斌老师帮助下，我走上美术史这个专业学习之路的。我以自己是义县人而骄傲，因为陆国斌老师的老家在义县；我以学美术史而骄傲，因为陆国斌老师就是这个专业的人才；我因是'学雷锋爱心团队'成员而骄傲，因为陆国斌老师创建了'学雷锋爱心团队'！

当我还是一个幼稚的孩子的时候，就知道陆国斌老师经常帮助贫困学生，扶养孤寡老人，当时的我真的很不理解陆国斌老师，甚至觉得陆国斌老师真傻。当我问陆国斌老师：'为什么你经常给他们钱？你自己本来可以吃好的、穿好的。'但是陆国斌老师却回答我：'因为我小的时候，家里没有钱，但是我想上大学，我知道没钱读书是什么滋味。我的父母走的早，我没有能力去报答他们，所以在我力所能及的范围内我会帮助其他的老人，让他们安度晚年！'

简单的言语，承担了多少不为人知的心酸和努力，陆国斌老师曾经从自己的家乡徒步到沈阳，就是为了读书！只有他自己才知道没钱读书是什么感觉，没地方住是什么感觉。这是我们无法理解的。现在陆国斌老师仍然开着一辆破旧不堪的小汽车，冬冷夏热，不是他买不起，而是他把这些钱给了更有需要的人。他用着我们最早用过的诺基亚手机，手机上缠满了胶带。

我从高三开始，真正地了解陆国斌老师。我有时间也经常和陆国斌老师去做好事，去看他帮助的老人，陆国斌老师怕老人舍不得花钱，每次去都会买很多好吃的、实用的东西，他对待老人都像对待自己的父母亲人一样。2017年，陆国斌老师正式成立了'学雷锋爱心团队'，成员从中老年人到高中生，每个年龄段都有，我很荣幸成为其中一员，可以在未来和陆国斌老师一同去帮助更多的人，继续向陆国斌老师学习！

陆国斌老师从六岁开始和他的母亲一起做好事，一做就是五十年，他从来不会和别人去说自己都做过什么，也没觉得自己有多伟大，却总是在默默无闻地付出着……

他以一己之力帮助着众多有困难的、需要帮助的人，从未抱怨，一直在考虑如何去帮助更多的人。"

像这样帮助贫困学生可谓是数不胜数，编者大致统计了一下主要的受资助者。

（1）2000年，16岁的张兆宏到鲁迅美术学院工艺系进修，吃住都在陆国斌老师家里。张兆宏结业后，陆国斌老师又帮他联系工作，现已成立了他自己的公司；同期，赵福东、郝阳在陆国斌老师的扶持下都拥有了自己的装修公司。

（2）2002年，成人教育学院的孟瑞军刚从内蒙古来到沈阳上学，人生地不熟，他在鲁迅美术学院后院家属区找住处时碰巧遇到了陆国斌老师，得知他的情况后，陆国斌老师毫不犹豫地便将自己在后院的房子借给他住。从那之后陆国斌老师多次帮助孟瑞军。现在的孟瑞军已经开了一家属于自己的公司。

（3）2009年资助成人教育学院学生张卫峰。张卫峰在毕业之前因为拖欠学费而延迟拿毕业证书，为此张卫峰想放弃拿毕业证。韩成惠则劝他说："上学不仅为了毕业，更是为了拥有一个好的前途，现在就业用人单位都很重视毕业证书和学位证书，好不容易毕业了，不能因此耽误将来的工作。"于是，韩成惠和陆国斌老师商量看看能否一起帮助张卫峰，陆国斌老师得知情况后，立即拿出工资卡帮助他补齐了学费，使其顺利拿到了毕业证。张卫峰现就职于某市的民俗小镇，担任项目经理职务（图4-1）。

（4）2012年，资助鲁迅美术学院雕塑系大二学生邹宏远。2012年的寒假，距离鲁迅美术学院开学还有一星期，陆国斌老师驱车前往大连瓦房店的一个偏远山村，此次前行的目的地是去鲁迅美术学院雕塑系大二学生邹宏远的家。车行驶在弯弯曲曲的带有冰面的山路上，风景虽美，但他的心情却很沉重。在学校，邹宏远很用功，方方面面表现得也很优秀，但是家庭十分困难。父亲有病，姐姐上大学，奶奶年迈体弱多病，家庭重担都落在妈妈一个人身上。邹宏远上大学交不起学费，大一的全部学费都是他当地的启蒙老师资助的。经过四个多小时的路程，陆国斌老师终于到了村口，远远地看到了满脸沧桑的邹宏远的父母和亲戚，他们眼巴巴地望着陆国斌老师，那是善意的、期待而又激动的，却又不

图 4-1　张卫峰送给陆国斌老师的锦旗

知所措的眼神。邹宏远家住的是小矮土坯草房，院落简单而整洁，屋里没有什么摆设，唯一有的就是墙上挂满的邹宏远不同时期的画，这是这个家唯一值钱的装饰。听说陆国斌老师要来，邹宏远的父亲一大早便去市场买了条水库鱼。而由于陆国斌老师不喜杀生，所以中午就吃了一个便饭。当陆国斌老师拿出5000元现金递到邹父手里时，饱含眼泪的邹父连忙给陆国斌老师鞠躬，宏远妈妈不知所措，也跟着鞠躬。

饭后陆国斌老师去看望宏远的奶奶。宏远奶奶瘫痪在床，由宏远父亲和大伯轮流看护，那个月正好轮到大伯家，而大伯外出打工，便由大娘来照顾奶奶。当得知陆国斌老师来看望自己时，奶奶激动地握着陆国斌老师的手紧紧不放，就这样握着握着……奶奶虽然卧床，但她的意识是很清楚的，提起宏远，奶奶很激动，眼泪汪汪的，皱皱巴巴的双手握着陆国斌老师，夸宏远懂事、孝顺，孩子有出息了。交谈不久，大家担心奶奶身体不便长时间打扰，宏远哄着奶奶这才松开双手。临走前陆国斌老师又塞在老人手里200元钱，告诉她买点营养品。陆国斌老师要载着宏远离开时，宏远妈妈把家里攒了很久的土鸡蛋拿出来让他带着，并告诉儿子要好好学习、听老师的话。车子走了，妈妈哭了，爸爸挥挥手，场景让人看着很心酸。

同一时期，雕塑系有一位王同学听说陆国斌老师帮助了邹宏远的事情后，很

受感动，说有事要求助于陆国斌老师。王同学说他父亲做生意亏了本，企业倒闭了，家里欠债好几十万元，他没有经济来源，请陆国斌老师借他一万元钱。陆国斌老师给全校绘画专业的大一学生都上过课，凡是学习用功的孩子陆国斌老师都会有很深的印象，但对于这个学生真的没有太深刻的记忆。一般在学校那些家庭困难，舍不得吃喝，但学习用功的学生，陆国斌老师都会请他们吃饭，有时候在自己家，有时候去饭店，每个学生的名字、家庭住址、详细情况他都会一一记得。后来，陆国斌老师到雕塑系找辅导员了解情况，发现事实并不像王同学所说的那样。辅导员也很给力，帮忙找了几个学生进行调查了解，确认其所言不属实。为了不伤这位同学的自尊心，陆国斌老师还是拿出了2000元钱给他作为生活费，鼓励他要好好学习、努力向上。

（5）每年大一下学期，鲁迅美术学院美术史论系色彩写生的最后一周都是安排外出考察，这种惯例已经有十年了。但每到外出考察时，就有人欢乐有人忧。对于一般甚至勉强交得起学费，还要利用课余时间打工挣生活费的学生来说，参加这种外出考察课真的是件很奢侈的事。每届都有几个学生因为负担不起外出考察所需的费用不去的，陆国斌老师了解情况后，得知他们很想一起出去学习，但又难以支付费用时，他就会说："没关系，你们想学习是好事，费用不用你们管，老师来出。"陆国斌老师拿出自己的钱给学生，替交不出费用的学生把钱补上，担心学生们心里有负担，也不会和其他学生说这样的事情。考察期间，陆国斌老师也会借助自己的人脉关系，帮学生们尽量减少考察时的额外支出。活动期间，赶上有学生过生日的，陆国斌老师便会自己花钱给学生买生日蛋糕，大家在一起庆祝。对于陆国斌老师而言，只要学生心存感激，学会感恩就够了。陆国斌老师认为这种心境对于学生来说是一辈子的财富，并且希望他们在有能力的时候一定要去帮助其他需要帮助的人。陆国斌老师的精神没有地域之分、没有民族之异、没有职业之限制，只要这种精神相互传承下去，定能创造出美好的未来（图4-2、图4-3）。

（6）2013年，美术史论系的徐亚楠在外出考察时就得到过陆国斌老师的照顾。徐同学在大学四年间也经常向陆国斌老师求助，甚至大四毕业后去包头工作，因为刚上班生活费不够，还向陆国斌老师求助过。陆国斌老师觉得他在外举

图 4-2　陆国斌老师安排学生考察

图 4-3　陆国斌老师组织学生在写生

目无亲，生活会很艰难，便毫不犹豫地让家人给他汇了 1000 元钱，解决了他的燃眉之急。

（7）2015 年，帮助美术史论系学生张乃元。张乃元的父母离异，父亲患有尿毒症，母亲改嫁了，她长期跟随爷爷奶奶生活。陆国斌老师从她高二开始便一直资助她的学习，给她交补课费等。在陆国斌老师的大力帮助下，张乃元最终顺利考入了鲁迅美术学院美术史论系。

（8）2016 年，资助美术史论系学生佟丽娜。佟丽娜高二时是普通理科班的学生，因学习压力大，曾一度有厌学情绪。在陆国斌老师的多次鼓励下又重新回到学业中来，只不过是弃理从文，学习了美术。在陆国斌老师的耐心指导和鼓励下，佟丽娜最终考入了大学——鲁迅美术学院。在大学期间，陆国斌老师还向她提供吃住，并资助了她大部分的学习费用。

（9）2005 年，通过学生介绍，陆国斌老师认识了抚顺市新宾县的一名叫金铭的高考生。该学生家庭贫困，父母离异，父亲外出打工已不知去向，母亲残疾，娘俩靠在浴池搓澡为生。连续两年，陆国斌老师资助他考前美术辅导费和生活费。在陆国斌老师的帮助和关怀下，最终，金铭考上了景德镇陶瓷学院。7 月份，娘俩拿着录取通知书找到陆国斌老师同志，因学费凑不够，向其求助。陆国斌老师同志没有犹豫地说："大姐，孩子上学最重要，差多少钱我拿。"又资助他们 5000 元。大学毕业后，孩子留在南方就业。2009 年趁着假期回来看望陆国斌老师，并说要买房子没钱向陆国斌老师同志求助，被其委婉拒绝了。陆国斌老师同志给出的解释是"如果你是因为学习需要帮助，我会不顾一切地帮助你。但是现在你已经独立，可以养活自己时，就要去回馈和帮助需要帮助的人，而不能一味地自我满足，要学会感恩。"

（10）2009年，读高一的刘娇娇虽然白白胖胖的，但是身体十分虚弱，且排斥与外人接触。但是和陆国斌老师第一次见面时她却没有像回避其他人一样回避陆国斌老师。与她非亲非故，陆国斌老师却带着她到沈阳各大医院做检查，吃住在家，近半个月。陆国斌老师还亲自开车带着她到盘锦的一个阿姨家去修养，经过几次聊天，发现她的状况好多了。以前一天滴水不进，不吃不喝，上不了学，现在精神状态好多了，也知道帮忙打下手了。经过半年的努力，她终于恢复正常了，但只听陆国斌老师的话。到高三马上要考大学了，陆国斌老师带着她到处学习画画，孩子经过一番努力，终于考上了大学，其中所有的费用都是陆国斌老师资助的。大学四年间，她没有学费，陆国斌老师给学费，没有生活费，陆国斌老师给生活费。就在2013年5月时孩子给爸爸打电话说做毕业设计要用钱，正好陆国斌老师听见了，接过电话问需要多少，随后就往她卡里打了3000元。现在刘娇娇顺利毕业，就职于上海一家设计公司。北镇市领导在参观陆国斌老师画展之际对其善举表示了肯定（图4-4）。

（11）2011年，陆国斌老师通过金铭的老师认识了特困生王金凤，她也是因为家庭困难而上不起学。陆国斌老师得知情况后，义无反顾地把她接到家中，并帮着寻找补课老师。在陆国斌老师的帮助下，王金凤最终考上了渤海大学。在大学期间，陆国斌老师还多次给她生活费。大三时，王金凤给陆国斌老师打电话说要出国了，因家庭的经济压力太大，要去国外打工挣钱，现在其依然在国外。

（12）2011年，陆国斌老师认识了盘锦学生于洋。于洋母亲的眼睛先天性弱视，多年前，她在从凤城回盘锦的火车上捡到了包裹里的小于洋，一直抚养至今。由于家庭

图4-4　陆国斌老师（左一）因资助困难学生刘娇娇，受到原北镇市委任军书记（右一）的接见，中间为刘娇娇的父亲

的困难，于洋上不起学了，陆国斌老师了解情况后，把孩子接到家中，并提供学习辅导，最终帮助其考上了沈阳师范大学，现在于洋已经顺利毕业。

（13）2012年7月，陆国斌老师听学生家长描述了一位叫姜峰的人。他是这位家长儿子的同班同学姜峰家庭十分困难，但画画很好，学习也很好，而且人很老实，老家是义县的。提起老家，陆国斌老师深有感慨，自己从小因为家庭困难问题上不起学，一直是吃别人吃不了的苦，摸爬滚打才到今天。如今自己站到了艺术学府的讲台上，陆国斌老师依然想回报家乡，做点实事，帮助像他一样上不起学的有志青年，让他们都能有学上。陆国斌老师见了姜峰后，到家里也看了看，了解了真实状况，他便决定这一年姜峰学习画画的费用他全承担了，连行李被褥也提供，姜峰只带了几件衣服就跟着陆国斌老师到沈阳去学习了。经过半年的努力付出，在压力面前姜峰好多时候想放弃，但在陆国斌老师的鼓励下，咬牙坚持下来了，最终考上了理想的大学。

（14）2015年10月，陆国斌老师在老家义县博物馆举办个人画展，期间，经同学介绍，听说了义县职高一年级赵伟琪的生活情况。赵伟琪的母亲是朝鲜人，父亲因斗殴过逝后，母亲被遣送回国。孩子和爷爷奶奶一起生活，而老两口体弱多病，没有额外收入，依靠低保生活，家里也没有直系亲属，担心孩子没人管教走上其父亲的路子，老人家拄着拐杖到学校寻求帮助。陆国斌老师听说后立刻带人去学校进行调查，当时正值冬天，孩子穿着单薄，陆国斌老师向班主任、同学了解情况后，当即掏出500元钱让孩子买点棉衣过冬。经过多方努力，学校也已申报教育局给赵伟琪减免了学费。陆国斌老师担心孩子缺乏关怀，便不定期去和孩子沟通，并鼓励、引导、教育其好好学习。

（15）张迎莹，农村女孩。因为上一辈人结缘，下一辈也维系着这种情缘。三十年前陆氏父子，十里八村家喻户晓，三十年后，陆家儿子资助的贫困学生中，就有一位正是当年被救助老人的外孙女——张迎莹。张迎莹因没钱上学，便向陆国斌老师寻求帮助。陆国斌老师了解情况后，就将其接到自己家里提供吃住、负担其学习。由于家庭困难让这个女孩子很自卑，不愿意说话，也不愿意与别人交流，而她的不合群也招来其他同学的取笑。在老师们的耐心劝导和帮助下女孩逐渐开朗起来，也学会了与别人沟通，并帮助其他同学，与同学的关系也融治了。2013年8月，全家人收到张迎莹的大学录取通知书后高兴地都蹦起来了。可是看到5200元的学费单时，一家人顿时没有了笑颜，而这时陆国斌老师则承担了张迎营全部的学费和生活费。9月面临学校新生报到的日子，家里人没有一个出过远门，让姑娘自己走又不放心。于是，陆国斌老师开车专门带着母女二人连夜将其送到河北承德，并请求老师多多照顾。孩子妈妈没有出过远门，不知道承德距离东北老家这么远。为了给他们家里省钱，陆国斌老师把孩子安顿好后，又把孩子妈妈送回到老家。对此，全家人对他万分感谢。因为都是普普通通的乡下人，他们不会用华丽的词语表述自己的情感，但从他们笨拙而粗糙的双手中已经感受到了那份感激（图4-5）。

图4-5　陆国斌老师资助学生张迎营

（16）在陆国斌老师的带领下，鲁艺精神代代相传。鲁迅美术学院美术史论系学生阎光乐同学在陆国斌老师的影响下，也在自己的能力范围内帮助了山区的一名贫困学生。阎光乐同学在自己不宽裕的生活费里省下钱给孩子买了儿童读物并捐出50元钱，鼓励山区孩子不要自卑，要好好学习。孩子的家人非常感激阎光乐，很多次托人转达他们的谢意。在陆国斌老师的影响下，曾经受过他帮助的学生孟瑞军也加入了陆国斌老师的扶贫帮困小分队，积极学雷锋，做好事，经常随同陆国斌老师看望孤寡老人，资助有困难的人。阎光乐通过孟瑞军的介绍认识了韩成惠同学，韩成惠也是一个来自农村的孩子，当时来到鲁迅美术学院读自考，由于家庭贫困，陆国斌老师帮她组成一个培训班，这个培训班中大部分是在生活上有不同程度困难的同学，这些人不止百人……后来韩成惠又通过陆国斌老师学了本科课程，又读了研究生，在此期间她也跟随陆国斌老师做了许多的好人好事。在陆国斌老师身边像孟瑞军、韩成惠、阎光乐这样的优秀学生还有很多。一个人的行动影响着身边的另一个人，一个人的思维引起更多人的共鸣。

　　陆国斌老师资助过的学生有许多许多，像金铭、张迎莹、刘娇娇……在陆国斌老师帮助每个人，背后都有一个感人肺腑的故事。用陆国斌老师自己的话说："我不想让我所知道的任何一个学生，因家庭经济困难而失学。"他就是这样一个平凡又普通的大学老师，用自己的力量去资助需要帮助的学生，让他们一个个走进校园，走向工作岗位，过着自己想过的美好生活（图4-6）。

　　教师之所以是太阳底下最光辉的职业，就是因为教师燃烧自己，照亮他人。这种精神激励着寒门学子学习热情，让他们看到未来的学习的热情，看到了未来的希望。陆国斌老师这种育人的方式激励着无数的学生不断前行，受陆国斌老师关爱和教育的学子们，将来也肯定会成为像陆国斌老师一样的人。

图 4-6　陆国斌老师资助过的贫困学生：
左一韩成惠，左二张迎营，中间刘冰，右一龙菲，右二李楠

第二节 爱的教育

陆国斌老师不仅教《艺用人体解剖》课程，还教《美术史专业水彩》课程，在上色彩课时要出去写生一周，其费用要 500 元。每届班上的很多同学不想去，因为当时班上很多人的生活费在 800~1000 元，要是交了 500 元，生活费肯定不够了，但是陆国斌老师说，要是拿不起的老师给你们拿。在写生的过程，学生们也体会到了一位老师对学生的无微不至，感动着无数的学生，让学生们懂得了如何去做一位心地善良仁慈的好人。2011 级本科生张月池曾写下了这样一个故事：

"记得大一的时候，我们班同学第一次集体出去考察，就是陆国斌老师带着同学们去的。那是义县的一个小山村，村边有溪水环绕，陆国斌老师带着同学们住在村里的一户人家中。毕竟是山村，尤其同学们大多数都是女生，生活上的不方便是避免不了的，同学们已经做好了吃苦的准备。没想到一进屋子，桌子上是热腾腾的饭菜，陆国斌老师怕同学们住不惯，赶在同学们到之前，换了新被褥，惊喜之余真的是感动，没想到陆国斌老师会想得这么细心周到。

第二天一早，伴着鸡叫声，同学们起床准备洗漱的时候，陆国斌老师早已烧了两大锅热水，用于同学们女生洗漱，并且在那之后的几天，每天早晚陆国斌老师都给同学们烧水。当时正值春夏之交，山村的早上还很凉，大家都冻的哆哆嗦嗦，那两大锅热水真的是解决了同学们的洗漱大难题。

尤其是我在到达山村后，由于水土不服的原因嘴上起了好多水泡，出发的时候也没有准备药。陆国斌老师看到了问我需不需要看医生，我说有一种药膏涂了就好，可村子里没有药店，药名很长很拗口，我就随口一说，没想到陆国斌老师记在了心里，第二天一早，陆国斌老师把药膏拿给了我，原来是陆国斌老师开了好远的山路去镇子上的药店买的。从山村到镇上，得走一段盘山路，路很险，老师为了一管药膏开了这么远的路，我真的没想到。

作为一位老师，其实陆国斌老师本没有必要做这么多。同学们考察中的一路上，陆国斌老师一直像父亲一样照顾着同学们，整个过程中陆国斌老师为同学们做的这些事虽看起来微不足道，却让同学们这些离家在外的学生们感到格外的温暖。

许多年过去了，那管药膏我至今珍藏，舍不得再用。而陆国斌老师关心他人、与人为善、不求回报的行事风格也深深地影响着我。今年，是我在鲁迅美术学院求学的第七个年头，同时也是最后一年，前一阵子见到陆国斌老师，他问我以后的打算，我跟老师聊了聊今后学习和工作的想法，看着他那依然如同父亲的目光，倍感亲切而温暖，他鼓励我说：'你可以的，老师相信你们！'

陆国斌老师是我尊敬的师长，在鲁迅美术学院求学的七年中，陆国斌老师从生活和学习上所做的点点滴滴都感化着我们。

做人不一定要惊天动地，但是要从细节处、从生活中，严格要求自己，并力所能及的去帮助别人，且做事不求回报，这是我从陆国斌老师的为人中感受到的。而我，作为学生无以回报，唯有以陆国斌老师为榜样，踏踏实实做人，努力学习，发扬陆国斌老师的优良品德，这才是陆国斌老师所希望的吧！"

受陆国斌老师的影响，张月池此后一直努力学习，考上了研究生，而后留校任教。陆国斌老师这一份对学生的温情，让学生感受到了爱的教育的意义，让学生了解到学习的意义就是在于学会像老师一样先树立良好的人格，然后去学习，那样的学习才更富有人生意义与社会意义，让学生在感动中学习的那股力量是生命的源泉，是人生持久的动力。

第三节　艺用人体解剖课程与党史、校史教育结合

陆国斌老师不仅仅身体力行去教授学生们什么是高贵的人生与学习的价值，他更是将思想政治教育融入艺用人体解剖课程的教授之中。艺用人体解剖学是以艺术的需要出发，是研究人体的一门科学，是造型专业必学的基础理论课，通过这一课程的学习，学生可以掌握人体的比例、骨骼、肌肉的造型及其运动规律，能运用人体解剖知识在习作和创作中较准确地塑造人物形象和表现人物的精神状态。获得从事教学辅导或艺术实践所必需的人体解剖知识。

陆国斌老师在讲授中先贯穿理论与实践相结合的原理，通过对主题画创作引导学生对人体、比例、运动、动态、人物的精神状态加以描述。为了调动学生的学习积极性和对历史的了解，陆国斌老师还适当联系革命历史题材的绘画、雕塑等人文题材去讲解。使学生不但把握了人物动势、动态及比例的关键所在，更注重革命历史题材的创作内容及时代背景与主题画的内容。使学生不但了解人体解剖知识在创作中的重要性，更要加深对人体解剖知识在作品中与人物刻画的联系和对人物的表情及人物的精神状态的深入描绘，加深对学生全面知识的掌握，理解内容与题材的关系以及人物情感表现。

陆国斌老师常以革命历史题材绘画作品为例，在指出人体解剖具体如何在作品中的运用的同时，更是通过艺术家的生平以及作品的主题进行爱国主义教育，他常提到的作品有《辽沈战役》《抗美援朝》《解放台儿庄》《人民英雄纪念碑》《毛泽东思想胜利万岁》《走向世界》《旗帜》《毛泽东会见白求恩》《人民公社胜利万岁》《八女投江》等。

通过学习革命历史题材艺术创作，不仅仅是学院现实主义艺术学习的范本，同时能更好地激发起学生们的爱国热情，让学生们牢记历史，不忘使命，砥砺前行，让红色基因永远留存在一代代青年人的血液之中。鲁迅美术学院本身就是从炮火中走来的学校，学校的光辉历史就是半部抗战史，在这样一个学校学习就更

需要有历史革命的修养，要让主旋律融入学生们的潜意识之中，让学生们在今后的创作中，继续保存着这一份优良传统。陆国斌老师常以王盛烈的《八女投江》为例进行讨论，他曾在教案中写道：

"本作品是根据抗日联军八位女战士不被敌人活捉，集体投江的真实感人极深的故事而创作的一幅革命历史画，1938年10月上旬，东北抗日联军第二路军妇女团八名女战士主动承担掩护大队突围转移任务，她们在弹尽粮绝的情况下，毅然背起重伤的战友一同跳下激流翻腾的多斯浑河。她们英勇和悲壮的行动震撼人心，极大地鼓舞了中国人民的抗日斗争意志，成为抗日战争中可歌可泣的一幕。作品在通过八位女战士相互搀扶走向大浪滔滔的江水之中的镜头，把女战士视死如归的英雄气概表达出来，给观者带来了强烈的艺术震撼，把这八位女战士对尊严、自由、和平，对未来充满积极与渴望的眼神展示得淋漓尽致，细腻传神，人物的动势各异，变化中求统一，每个人物造型都十分符合人体解剖结构，人物的动势、比例合理，人物形象生动，表情特征明显，准确中求变化。

绘画风格突破国画旧的传统束缚，创造传统绘画的新生，借鉴了素描和油画的表现手法，在创作技法上也受到了当时苏联的影响，富有理想主义和英雄主义的色彩，八位女战士宁死不屈，画面壮而不悲，表现出一种文学上的瞬间性，体现的是当时人们对事件的理解和想象。笔墨严谨，笔笔见形，人物造型极为写实，功底扎实，线条有力，画面构图严谨，稳定充实，繁而不乱，表现了女战士宁死不屈的精神状态，颜色用传统的浅灰法，格调沉稳，墨韵尤佳，技法上有一定的里程碑意义，不愧是一件开宗立派的代表作品。"

在陆国斌老师的课堂中，可以不断地充实与本专业有关的现实主义美术创作知识。因为人体解剖课主要研究人体解剖结构，所以带有人物的作品无论是肖像，半身与全身类型的人物写生与创作都可以用解剖结构去分析作品，因此在创作中既要与本专业结合讲，又要把思政课带入课堂，通过这种方式让学生既理解人体解剖结构在创作中的重要性，又了解了党史、校史方面的内容，进而使学生既学到专业知识的同时又提高了政治素养（图4-7）。

图 4-7　陆国斌老师在上课

第五章 专业与思想政治教育结合实践

从鲁迅美术学院发展历史可以看出，艺术家承载着艺术教育以及为社会服务的使命，他们用画笔表现着祖国的大好河山，用画笔状写着人民的生活。坚持为人民服务、为社会主义服务是文艺工作的根本方向。作为鲁艺的传人，更应该承担起社会的责任，为东北文化事业乃至全国文化事业献出自己的一份力量。农民出身的陆国斌老师更懂得艺术要为祖国状貌，艺术要为社会服务的道理。一路走来，他并不是走上殿堂，而是走进人民，走进大山深处，用画笔歌颂着祖国，歌颂着人民。他用自己几十年的行动证明着为东北文化作贡献的决心。在东北经济发展的关键时刻，应该多向陆国斌老师学习，以艺术带动东北文化振兴，以艺术带动东北文明建设，从而为东北老工业基地的振兴做出一定的贡献。

作为一名人民教师，其身上的责任不仅仅是创作，更重要的是教书育人。在习近平总书记给中央美术学院老教授回信中，习近平总书记指出："做好美育工作，要坚持立德树人，扎根时代生活，遵循美育特点，弘扬中华美育精神，让祖国青年一代身心都健康成长。"从中可知，教书育人的宗旨应是立德树人，培养社会主义合格接班人。所以，加强思想政治教育成为每一位教师教书育人的第一要素。只有教师先立德，才能教会学生立德，学生德行端正才能人生端正，才能学业端正，才能成为栋梁之材。尤其是美育工作，它与心灵直接有关，只有端正学生思想品德，学生才能在今后的创作道路上创作出人民喜闻乐见的、有益于社会发展的作品来。可想而知，思想政治教育一定要从老师抓起，只有将思想政治教育与专业紧密结合在一起，才能培养出来真正意义上有益于社会主义发展的学生。

2017年2月27日，中共中央、国务院印发了《关于加强和改进新形势下高校思想政治工作的意见》，文中提出：坚持全员、全过程、全方位育人（简称"三全育人"），也就是说，高校要把立德树人作为根本任务，融入思想道德教育、文化知识教育、社会实践教育各环节，把思想政治工作贯穿教育教学全过程，把思想价值引领贯穿教育教学全过程和各环节，形成教书育人、科研育人、实践育人、管理育人、服务育人、文化育人、组织育人长效机制。陆国斌老师始终坚持教书育人，他的育人过程贯穿学生整个大学时代，从学习、生活、实践等方面多重引导。不仅如此，他还将教育与为人民服务结合在一起，一方面通过课程引导学生形成正确的三观；另一面深入群众，为广大农村建设美丽乡村提供助力，同时引导学生进行社会实践，师生共同义务为乡村绘制大量的墙绘。这不仅教育着学生要努力承担社会责任，更是为乡村增添了文化气质。

第一节　陆国斌老师早年艺术创作生涯

陆国斌老师于 1983 年考入鲁迅美术学院，1986 年毕业留校，任教于鲁迅美术学院摄影系。在当时，他与摄影系的马杰老师、宿志刚老师、李一鸣老师及摄影班的学生进行了一次长城考察，从山海关走到嘉峪关。在考察期间，他拍摄了一些长城内外的风土人情以及长城的遗迹资料。长城作为中华民族的象征，是中华民族的脊梁。他们希望利用摄影技术对现存的长城遗迹进行拍摄，为保护传统文化做出一定的贡献。当时《辽宁日报》《沈阳晚报》以及各地媒体都进行了相关报道。这是一种豪迈的行为，也是作为艺术家应该承担的责任。1987 年中国美术馆举办了"中国长城首届摄影展"，他们师生的作品受到了大家的一致好评，周谷城、黄华、杨静仁等人观看了此次展览，并会见了他们考察队的全体师生。其中陆国斌老师的作品《千树万树梨花开》获此次展览的"优秀奖"。后来他们的作品出版成了画册，并被当时的新闻出版署评为"优秀画册"，在《中国农民报》《辽宁日报》《辽宁法制报》《青年报》等报纸、杂志都有报道。该画册后来作为国家文化交流的物品赠送给国际友人。

1987 年陆国斌老师为义县瓦子峪玻璃厂画了长四米、宽一米七的油画风景画，并请著名书法家沈延毅为该厂题字。

为了能更好地充实自己，他于 1989 年 9 月考入中央美术学院徐悲鸿油画研修班，在此期间他画了《晨曲》系列作品，在北京高格画廊（王府饭店）举办了展览，中央电视台、北京电视台对此做出了相关报道。其创作的《新月》等六幅油画作品在新加坡、马来西亚、意大利等国家及中国香港地区展出，并有四幅作品被展出国收藏。

1990年他为义县土地局画了几张风景画。并在徐悲鸿纪念馆门前义务画了四匹马的广告牌。

同年他又为家乡义县的啤酒厂、黎明航空航天公司、自行车厂画了宣传画，后发表在了《经济与法》杂志上，并分别获得全国百家报刊杂志广告设计大赛的优秀奖和三等奖。

祖国的每一寸土地都值得我们去热爱、去追随。陆国斌老师爱祖国，更爱祖国的每一片大好河山。为了能更好地反映少数民族的人文风情，他于1991年只身徒步去内蒙古考察写生。一路上省吃俭用，写写画画。只有亲身经历才知道祖国的大好河山是多么壮美，只有亲身经历才知道祖国的幅员有多么辽阔。他从北京坐火车到河北省张家口下车，再由张家口一路向北走到锡林郭勒盟东乌旗。陆国斌老师一直以为祖国大好河山立传为荣，在考察期间，他收集了大量资料，花了大量小稿，作品都是以展现祖国的大好河山为主。到了锡林郭勒盟东乌旗后，幸得当地市劳动模范的关照，或许是惺惺相惜，当劳动模范遇见他时，由内而发的同情涌上了心头。当时身体单薄的陆国斌老师胸前挂着照相机，身上背着画架。劳动模范问他："你从哪里来啊小伙子？""我是东北来的，从张家口一直走到这边，想画画。"艺术与自然是相通的，看见美好的大自然，艺术家总会是欣喜的，总会是冲动的。一个"走"字让这位劳动模范热泪盈眶，他立即将这位"追风青年"接到了家中。至此，他与这位劳动模范结下了深厚的感情，正是这种纯真的情感，给予了他丰厚的创作积淀。日子慢慢过去，他也该回去了，回家途中遇到了记者李宏丙，他的精神感动了这位记者，记者将他送到了西乌旗，当时他为西乌旗的牧民拍摄了一些作品并送给了他们。回来后，他创作了《晨曲》等系列作品。这系列作品是对内蒙古人民的真实写照，以抒情的笔触表达着他对内蒙古人民那份纯真情谊的无限热爱。或许正如那句老话所说："只要心中有人民，艺术才会真实。"宽阔的草原，忙碌而朴实的生活清晨，一群牧民在第一缕青烟中开始了崭新的一天。多么美好的时光，多么单纯的生活，这就是人生诗意的远方，是心灵诗意的栖居。

1993年5月，他参加在香港举办的鲁迅美术学院教师油画作品展，作品《晨曲》发表在香港《大公报》上。

1996年，他为辽宁友谊宾馆画了油画。

1997年，他为大连大厦画了《千山》《碑林公园》两幅作品，这又是一次对东北壮美景色的表现、对东北文化的宣传。

1997年，他带领鲁迅美术学院成人学院学生在大连旅顺写生，期间，为某海军部队建设营设计了大门，同时还与部队搞了一次大联欢。在写生期间，他们遇到了当地部队的士兵，士兵问："你们是哪里来的？"他说："我们是鲁迅美术学院的师生。"后来部队有个陈政委听说他们来了，便亲自找到他，想麻烦他们为该部队设计一个大门。当时陈政委问他们要多少钱，他说："我们是鲁迅美术学院的师生，我们不要钱。"这就是这所红色院校的典范——"为人民服务，为社会服务"。当时他带着几个学生经过几天的设计，终于完成了小稿，部队领导审查后十分满意。后来把他们全体师生接到部队同士兵们做了一场文艺晚会，晚会中他与部队领导都发表了演讲，部队领导夸赞他们不愧是鲁艺传人。薪火相传，永不停歇。鲁艺精神代代传，永世造福后来人。

现今，陆国斌老师主要描绘辽宁地区的景色，以为祖国大好河山立传作为自身艺术道路上所肩负的任务。他经常穿梭在医巫闾山的丛林之中描绘它们，宣传它们，不仅让更多的人认识了家乡，同时也刺激着当地旅游业的发展。

他曾在1999年赠送给义县万佛石窟旅游文化局一副四米长的油画作品《万佛石窟全貌》(图5-1)，现仍悬挂于万佛石窟旅游文化管理局会议室。

图5-1 《万佛石窟全貌》

第二节　专业、思政、实践教育相结合服务辽宁

　　多年来陆国斌老师一直情系家乡，他为了回馈家乡父老的养育之恩，特意在家乡举办了艺术交流活动（图5-2）。2015年11月15日，他在家乡义县博物馆举办了"家乡情·陆国斌老师风景油画作品展"。时任锦州市常务副市长王卫国，义县县长苏贵宏亲自到场祝贺（图5-3）。

图 5-2　陆国斌老师风景油画展在义县举办

图 5-3　义县领导观看画展

　　2016年11月26日，陆国斌老师再次以个人名义捐献给义县政府一幅价值20万的油画作品——《闾山凌水金秋韵》（图5-4）。耗时三个月，长达4米的油画作品中形象准确地展现出了义县八大名胜古迹风貌及其地理位置。依据东、南、西、北、中五个方位描绘了宝林古刹、鞭打石门、老爷岭、八塔山、广胜寺、万佛石窟、大凌河、奉国寺的雄伟壮观。

　　2017年1月15~17日，陆国斌老师在家乡义县开展了"义县邀清美，文化促发展"的主题活动。本次活动以陆国斌老师同志为首，清美艺术创作研究会"进义县、下基层、送文化"为重点，引导广大文艺工作者关注民生，参与民生。通过开展送春联、走访贫困户、参观义县老街、书画作品展览等活动，激发义县人民热爱家乡、创造生活的美好情怀和精神动力，同时积极向外界推介义县名胜古迹，宣传义县旅游景点，带动文化产业的发展，提升义县的影响力和知名度，推

图 5-4 《闾山凌水金秋韵》

动义县文化旅游事业的蓬勃发展。在推广义县文化旅游业发展的同时，也提升了民众的艺术修养（图5-5）。这是创义县县史的文化盛况，同时也被记录到了义县的史册中。

为服务辽西农村，建设美丽农村，从2015年9月开始，陆国斌老师就亲自带领学生在农村义务绘制墙绘。绘画主题主要有社会主义核心价值观、历史故事、赡养老人、倡导廉洁、爱护环境、服务辽宁、振兴东北等。这不仅增加了农村的文化艺术气息，更宣传了国家政策，也给学生带来的课外实践的机会，许多学生都从中受到启发，开始努力为社会奉献自己的一份力量。

2015年9月，陆国斌老师应邀，帮助北镇新农村建设中的新立农场画墙画。之后，陆国斌老师又自费带领雕塑系田佳龙同学和油画系几名同学，以及沈阳师范大学国画系史振壮等同学，帮助当地幼儿园画墙画。当地领导和校长对他们的义举非常满意，并且十分感动，主动给鲁迅美术学院写了感谢信。社会活动不仅让学生有了锻炼的机会，也宣传了鲁迅美术学院的形象。

至此，各地就开始邀请陆国斌老师为乡村绘制墙绘。2016年8月2日，北

图 5-5 陆国斌老师（左六）在"义县迎清美 文化促发展"活动现场的合影

镇市罗罗堡镇为打造特色小镇，当地政府专程邀请陆国斌老师帮助策划。为争取特色小镇的评选，陆国斌老师利用自己的特长，义务为村里河套工程改造出谋划策，并制定了实施方案，打造了全国独一无二的特色文化河流（图5-6、图5-7）。为方便村民健身，陆国斌老师同志还特意规划小广场，义务为康屯村绘制了千米的墙画。

2016年在河套整治工程建设完毕之后，锦州市委宣传部领导走访调研检查新农村美丽乡村建设工作。陆国斌老师应罗罗堡镇领导和村书记的邀请，义务帮助他们打造美化乡村项目。他利用国庆假期，调动鲁迅美术学院在校勤工俭学的本科生和研究生，绘制宣传画，自己垫资买材料，并支付所有的费用。为赶工期他们日夜兼程，风雨无阻，一周时间还总赶上下雨，大家拿塑料布遮墙，防止雨水进入。当时温度低的冻手，就用小太阳烤着墙皮……陆国斌老师带领他的团队克服重重困难后，在规定时间内为张巴村部画的百米墙画顺利完成，既宣传了社会主义核心价值观，又提升了老百姓的文化修养。每户农院墙外，都设计不同的家风楹联、国学文化墙，将传统文化送入百姓家中。另外，在村外黑鱼沟河以河坝为背景墙，绘制了500延长米的新二十四孝山水画，河套内投置了以《礼记》《弟子规》等为内容的文化石26块，把原来的臭河沟打造成了"文化河流"。2016年，罗罗堡镇被评为辽宁省特色乡镇。陆国斌老师带领着他的团队创造了一个又一个纪录。

陆国斌老师的研究生刑璐曾写道："开学后的第一个国庆节假期（指2016年的国庆节），陆国斌老师带着我和其他几位鲁迅美术学院学生去了锦州市北镇罗罗堡镇的康屯村，开展墙画绘制实践的活动。我发现50多岁的陆国斌老师竟然

图5-6 陆国斌老师（左一）为罗罗堡镇张巴村设计公路

图5-7 陆国斌老师（左一）为康屯村打造特色河流

比我们年轻的学生体力还要强很多，他每天5点多就起床，中午都是挤出很短的时间吃饭，一心绘制墙画。就连晚上休息的时间都充分利用起来，用投影仪画出第二天的墙画稿子。即使在下雨天他都依然在坚持工作，搭着棚子，继续画画。我每天跟随陆国斌老师绘制墙画，虽然很苦，但是真的过得非常充实，也非常开心，痛并快乐着。陆国斌老师在暑假期间自己出资为张巴村部绘制墙画、修路，招商引资。陆国斌老师还扶养了很多孤寡老人，供困难的学生上学等。更多地了解了陆国斌老师之后，我对之前陆国斌老师教导我们的"做人"道理恍然大悟！从康屯村回到学校以后，我写了入党申请书，因为陆国斌老师的事迹打动了我，我也想像陆国斌老师一样成为一名优秀的党员。

陆国斌老师每次为我们上课是都早早地到教室。陆国斌老师的汽车已经开了很多年，车里的暖气也不好用了，冬天的时候，车内与车外的温度不差多少。每天到教室都会用力地搓膝盖。我已经不止一次地劝陆国斌老师换车，他只是笑一笑说："有个车就可以了，我没那么多要求！"在平时的专业学习中，我的专业基础不是很好，陆国斌老师总是亲自示范，陆国斌老师说："老师在教你们的同时自己也在进步！"陆国斌老师也会耐心地讲解每个关于人体解剖的知识点，这对我的专业进步帮助很大！

在向陆国斌老师学习中我不仅收获了专业知识，更学会了怎样重新认识自己的人生，知道了怎样能成为德才兼备的人，并且为成为像陆国斌老师一样的人努力着！"

2017年4月15~25日，罗罗堡镇第27届梨花节期间，陆国斌老师专程邀请北京师范大学研修班的张建国师生来闾山写生创作，他们的吃住费用由陆国斌老师全部承担。此次活动的目的和意义主要是借用全国美展"大美辽宁"的参展活动，以此来邀请全国各地画家了解和宣传"医巫闾山，特色罗罗堡"，并进一步推广闾山旅游文化。4月19~22日，陆国斌老师邀请西安榆林画院院长一起合作，义务完成了户外56米大型油画创作，悬挂于山头，形式创绘画史记录。

总之，一位老师的教育不仅仅是传授专业知识，更应该身体力行教会学生如何做人，只有如此，学生才能品学兼优，才会像老师一样，成为一名有理想、有担当、有责任之人。

第三节　成立"学雷锋爱心团队"再出发

　　"雷锋",一个多么熟悉的名字,他所散发出来的精神光芒洗涤着我们的心灵。雷锋不仅是我们学习的榜样,他的奉献精神也被时代发展所需求。如果没有雷锋那样的"钉子精神""螺丝精神",那么我们很难建设好一个新的时代,只有坚持弘扬雷锋精神,并让人们朝着不同的方向发展,才能构建出更好的生活蓝图。"英雄"是时代的产物,但英雄精神却永焕光彩。如果心中没有雷锋这种精神丰碑,那么我们的心灵就像是无根之浮萍,人就变成了苍白的没有灵魂的人,社会也会变成一个苍白而没有灵魂的社会。只有立足岗位,甘于奉献才能让自己像向日葵般朝着太阳,这样我们的社会才会更和谐,才会以"气吞山河之势"迈向美好的明天。正是由于雷锋精神具有这样强大的能量,所以陆国斌老师以"雷锋"之名,于2017年3月5日创立了"学雷锋爱心团队"(原名为"雷锋班",后因与雷锋所在的"雷锋班"重名而改为"学雷锋爱心团队",所以在行文中不用"雷锋班"一词,而采用为"学雷锋爱心团队"一名),该团队以雷锋精神为根基,以服务党和人民为宗旨,极尽所能地为社会做贡献。

　　2017年8月23日至25日,全省基层宣传思想文化工作推进会在锦州召开,为能更直观地诠释"习近平总书记的7·26重要思想",锦州市委宣传部邀请陆国斌老师团队为会议参观地东湖公园——社会主义核心价值观学习基地义务绘制户外文化墙。从找施工队(调动周边亲戚朋友)抹水泥墙,到滚涂料、搭四米高的脚手架画画,陆国斌老师全程都是尽职尽责。五天五夜,日夜兼程,克服高温,躲避暴雨,终于在25日早上会议召开之前全部完工。为了增加亮点,陆国斌老师又自费定制了统一的服装和队旗(鲁美学院"学雷锋爱心团队"的白色背心、红色帽子)带领"学雷锋爱心团队"的20名在校学生及部分社会爱心人士一起绘制了28米长的锦州全景画。这也再次创了锦州市墙画艺术绘制的记录。8月25日,在墙画绘制现场,锦州市电视台还对他们进行了专访。陆国斌老师带领着他的团队创造了一个又一个纪录，不断地为他人、为社会奉献着自己的爱心。他们通过图文并茂的墙绘、身体力行的行动更好地诠释和传达了习近平总书记提出的"绿色发展理念""生态文明建设""精准扶贫"等思想。

2017年6月至9月，陆国斌老师带领学生在义县耗时三个月画了总计四千多平方米的墙画。6月12日他与学生们入住宝林楼写生基地，准备开始墙画的绘制。原定只是绘制一千平方米的墙画，但老百姓都请求给自己家多画点，所以又加到四千平方米。宝林楼历史悠久，风景秀美，因为陆国斌老师带领学生在此绘制墙画让村庄变得更具有文化气质。根据史书记载，曾到过宝林楼的就有26位皇帝、120多位朝廷重臣。远至炎帝、汉高祖、唐太宗、乾隆帝、吴三桂，近至张作霖、李鹤年等，在此都留下了很多故事。其中最为有名的为乾隆的《四景回文》诗及周恩来总理二提宝林楼。

乾隆帝曾多次驾幸宝林楼，并留下了《宝林八景》和《四景回文》诗篇。

> 宝林古刹不知年，山在楼头寺在前。
>
> 画阁不因风雨朽，老僧长伴孤松眠。
>
> 砥柱险托千仞阁，翻身独步几重天。
>
> 井扳水倒将军马，石立高山国公鞭。
>
> 兔儿山头云渺渺，孤佛顶峰雾漫漫。
>
> 棋盘曾见僧游迹，仙人桥留马蹄牵。
>
> 金鸡顶峰南海近，宝林楼居间山巅。
>
> 诗情共美凌河景，古时香火塞北烟。
>
> ——《宝林八景》

因乾隆帝的这段凤缘，宝林地区自清代中叶出现了八景。第一景是鞭打石门，第二景是扳倒井，第三景是棋盘山，第四景是孤佛顶，第五景是金鸡石，第六景是兔岭，第七景是仙人桥，以上七景加上宝林古刹是为乾隆钦定的"宝林八景"。

陆国斌老师与学生在宝林村绘制墙画期间是六月底到七月中旬，此时天气炎热，平均温度近40摄氏度，使人汗流浃背。他们的绘画团队由开始的三个人逐渐扩大到五个人，虽然绘画环境比较恶劣，天气炎热，蚊虫叮咬，晚上一两点钟仍点灯加班，但学生们都咬牙坚持着。将所有图案绘制完成之后，三位书法老师又花了三天的时间为图案配上了说明。经过他们的画笔历史上到过宝林楼的26位皇帝和120多位重要大臣，以及与宝林有关联的古代人物，都栩栩如生地出现在了墙面上。从烈日当头、汗流浃背到披星戴月、风餐露宿，截至8月31日，此次美丽乡村建设工程全部完工。虽然他们都是义务为宝林楼绘制墙绘，但是在整个活动中，陆国斌老师身体力行，为学生讲授历史知识，讲授成为艺术家应承担的社会使命，学生既端正了学习态度，也磨砺了坚强的意志，更懂得了作为一位大学生不仅仅要坐在书斋中看书，更应该走进社会，走向基层，用自己的臂膀努力去奉献力量。

宝林村的干部为了表达他们的谢意特向鲁迅美术学院送来感谢信（图5-8），信中写道：

陆国斌老师于2017年5月初来到了张家堡镇宝林村，为我们村义务绘制总面积4000多平方米的文化墙，期间他带领学生们利用三个多月时间，起早贪黑，披星戴月，经常工作到深夜，可以说为这古朴的村落增添了浓郁的文化氛围，提高了百姓的精神文明水准，使百姓能在和谐、文明的氛围中居住、生活，为宝林

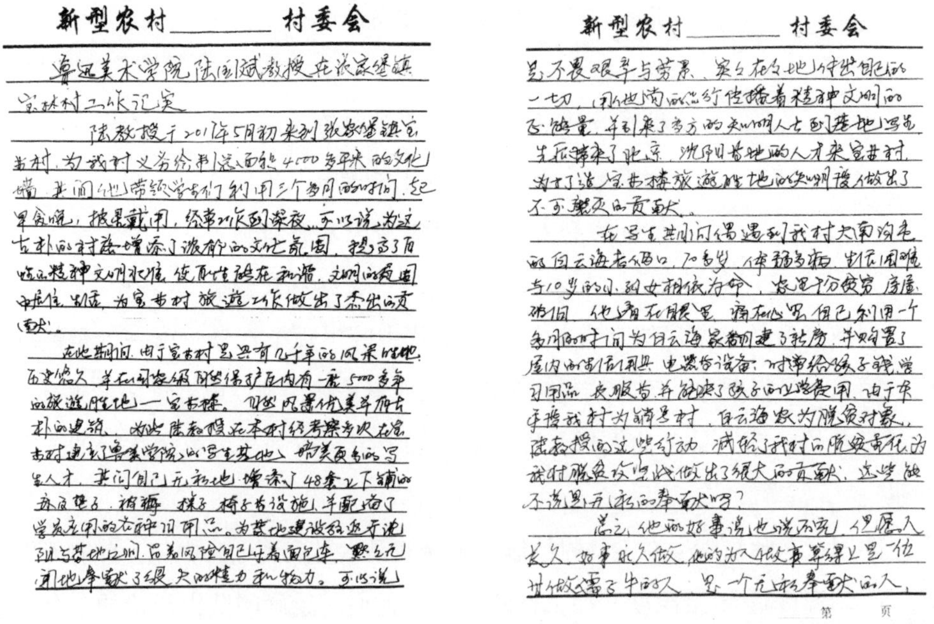

图5-8 宝林村村委会送来的感谢信

村旅游工作做出了杰出的贡献。

在此期间，由于宝林村是具有几千年的风景胜地，历史悠久，并在国家级自然保护区内有一座5000多年的旅游胜地——宝林楼。自然风景优美并有古朴的建筑，为此陆国斌老师在本村经多次考察，在宝林村建立了鲁美学院（笔者注：即鲁迅美术学院）的写生基地，培养更多的写生人才。其间自己无私地增添了48套上下铺的床及垫子、被褥、桌子、椅子等设施，并配备了学员应用的各种日用品。陆国斌老师为基地建设往返于沈阳与基地之间，冒着风险自己开着面包车，默默无闻地奉献了很大的精力和物力。可以说是不畏艰辛与劳累，实实在在地付出自己的一切，用他高尚的品行传播着精神文明的正能量，并引来了多方的知名人士到基地写生，先后带来了北京、沈阳等地的人才来宝林村。为打造宝林楼旅游胜地的知名度做出了不可磨灭的贡献。

在写生期间，我们偶遇了大南沟村屯的白云海老两口，他们70多岁，体弱多病，家中还十分贫穷，房屋破旧，只能与10岁的小孙女相依为命，生活十分困苦。他看在眼里，痛在心里，自己利用一个多月的时间为白云海家翻建了新屋，并购置了屋内的生活用具、电器等设备，时常给孩子钱、学习用品、衣服等，并解决了孩子的上学费用。由于本季度我村为销号村，白云海家为脱贫对象，陆国斌老师的这些行为，减轻了我村的脱贫重任，为我村脱贫攻坚做出了很大的贡献，这些能不说是无私的奉献吗？

总之，陆国斌老师做的好事，说也说不完。但愿人长久，好事永久做，他的为人做事算得上是一位甘做孺子牛，是一个无私奉献的人，一个忘我劳动的人，一个有责任心的人，一个造福于人类的人。像这样的人，是国家的需要，社会的需要，人民的需要，是一个不可多得的人才，我们哪能不为这样的人讴歌呢？有这样的人，社会哪能不进步，国家哪能不富强？

不仅如此，宝林村也为多名学生寄来了感谢信，感谢学生们在宝林村三个月的辛苦付出，为宝林村夺得全锦州市文化乡村建设第一的美誉。

2017年8月7日上午，由锦州市委、市政府主办，锦州市委宣传部、市文联承办的"凌河水·故乡情"全国锦州籍书画名家作品展在喜来登大厅盛装启幕。时任锦州市委书记王明玉出席开幕式活动，活动邀请了锦州籍的众多书画名家，共展出84件精品力作。"游子千里梦，依依桑梓情"，展览得到了各位书画家的积极响应和热情支持，所展作品的一笔一画，一木一石，无不深情寄托了在外工作生活的锦州书画家眷恋家乡、热爱家乡、关心家乡、支持家乡的赤子情怀。画展全面展现了锦州书画艺术的创作成果。展览还邀请了部分现工作、生活在锦州的书画家，他们扎根沃土，潜心创作，厚积薄发，在全国重要展赛上屡获殊荣，可以说他们既繁荣了锦州文艺，又助推了锦州文化的强势发展。

9月18日义县县委张书记到宝林村考察扶贫工作（图5-9、图5-10），而宝林艺术写生采风基地的打造就是其中一个重要的扶贫项目。张书记就陆国斌老师为帮助打造采风基地，义务绘制四千平方米墙画，帮助贫困户修建房屋，帮助贫困户果农卖水果等几项事迹，同扶贫小组展开现场讨论，鼓励大家要积极学习身边的典型事迹，并要积极地、热情地招待外来客人，因为机遇就在大家身边。

图5-9　义县县委书记考察宝林村　　　　　图5-10　义县县委书记考察宝林村

写生基地建成后，陆国斌老师积极邀请身边的朋友帮助做推广，于9月19日首次邀请到沈阳中和画室的部分学员和老师来此写生创作（图5-11），这也是暨写生基地成立以来的第一批"尊贵"的客人，陆国斌老师则自己出钱置备了所有的生活用品。对于镇政府领导以及村委班子来说，大家从来没接触过这样的服务行业，陆国斌老师便亲力亲为，手把手教大家，从领导到厨师大家也都尽心尽责，全力以赴。因为好的环境和服务将会带来好的口碑和回头客，所以陆国斌老师以身作则，从不计较投入，无私地为写生基地做贡献，并争取邀请到更多的人来此创作、游览。随着游人的增多，自然也带动着当地经济的发展，超市的生意

图 5-11 沈阳中和画室师生在宝林村写生后合影

越来越好，当地果农的收入也在增加，各行业都在发展。10月21日，北京四位退休干部应陆国斌老师的邀请来到宝林写生基地学习油画写生，户外写生由陆国斌老师亲自做示范，义务授课。从早上吃完饭一直到晚上太阳落山，陆国斌老师争分夺秒地争取多画一张，因为平时太忙了一直抽不出空画画。一天下来他给大家共画了五张范画，每一张的风格都是不同的。退休领导们很佩服他的这种吃苦耐劳的精神。

每年写生，陆国斌老师都要带学生来到这里，不仅是传授学生业务知识，更是传授学生为祖国状写美好河山，为人民描绘美好生活的社会责任精神。

第四节 学生参观学习陆国斌老师墙绘壁画后的学习报道

陆国斌老师教书育人的事迹可以说感动着无数的师生，为了能更好促进学生们树立正确的价值观，达到全员育人、全面育人、全程育人的目的，以社会主义核心价值观为引领，以促进学生全面发展为导向，着力培养担当民族复兴大任的时代新人。鲁迅美术学院人文学院教师几乎全体出动，带领学生来到陆国斌老师义务绘制的墙绘旁，以及陆国斌老师帮助的贫困户，通过身体力行的方式，感受老师为时代而努力奋斗的责任心。

一、下乡到宝林，城乡心连心——鲁迅美术学院人文学院美术史论专业开展文化艺术进农村暑期"三下乡"社会实践活动

为弘扬雷锋精神，传递社会正能量，响应学院关于开展大学生暑期社会实践活动的号召，2017年暑期鲁迅美术学院人文学院美术史论专业"雷锋班"的师生们来到锦州义县张家堡镇宝林村开展了文化艺术进农村暑期社会实践活动。

活动当天，美术史论"三下乡"小分队起早出发，历经数小时终抵达锦州市义县张家堡镇宝林村（图5-12）。师生们发挥专业特长，为当地义务绘千米墙画，内容包括社会主义核心价值观、国学、新、老二十四孝以及宝林楼的文化传说等。师生们协调合作，开始作画，一笔笔勾勒，一点点描绘，画出乡村百姓们的赞赏。大家用画笔将绘画文字与风景完美融合，形成了一道亮丽的风景线（图5-13~图5-18）。当天师生们还一同走进村里的困难户白云海老人家中（图5-19），为他们送去米面油等生活必需品。针对雨季来临，房屋年久失修的实际情况，陆国斌老师表示将尽快帮助其修缮房屋，并将尽全力帮助他们年幼的孙女完成学业。随后，师生们参观了新建的学生写生基地和名胜古迹宝林楼，了解了当地的文化。

图 5-12　美术史论系"三下乡"小分队成员合影

图 5-13　师生们正在认真作画

图 5-14　陆国斌老师给同学们进行耐心指导

图 5-15　有了陆国斌老师的指导，
同学们画得更加得心应手

图 5-16　同学们在义县宝林村绘画

图 5-17　雷锋精神放光芒——雷锋班在行动

图 5-18　与雷锋精神同行，传递身边的感动

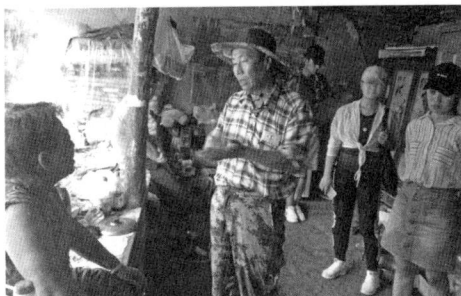

图 5-19　慰问贫困户，与老人交流

此次活动得到了当地镇领导的大力支持，义县电视台的记者进行了全程跟踪采访，陆国斌老师在接受记者采访时说："这次活动，我和我的学生一起用我们的画笔，描写家乡的山山水水，一方面是弘扬社会主义核心价值观，另一方面是描述国学、老二十四孝、新二十四孝以及宝林楼的文化传说。这里的风景也打动了我们全体师生，也希望家乡的旅游建设不断地发展。"

此次"三下乡"社会实践活动，不仅为建设社会主义新农村贡献了微薄之力，也使大家在劳动中收获快乐的同时，学会了珍惜，坚定了"雷锋班"这个集体不抱怨、不退缩、尽己之力服务大家的信念，弘扬了社会主义核心价值观。今后美术史论系将号召更多人参与到志愿服务活动中，将"雷锋班"这个集体发展壮大，尽自己的绵薄之力，奉献社会，以服务群众和担当作为使命，不忘初心，继续前进。

二、鲁迅美术学院人文学院美术史论专业开展"爱心助力文明"志愿服务系列社会实践活动

为弘扬雷锋精神，传递社会正能量，响应学院关于开展大学生暑期社会实践活动的号召，人文学院美术史论专业在2018年暑期开展了"爱心助力文明"志愿服务社会实践活动，为皇姑社区变电箱绘制"新衣"，慰问沈阳福星托老院，并为养老院绘制墙画（图5-20~图5-25）。

2018年暑期，在陆国斌老师带领下，美术史论专业学生作为三城联创志愿者，用画笔为皇姑区泰北社区多个变电箱画上"新衣"。变电箱的正面绘有孩子

图5-20 在沈阳福星托老院绘制墙绘后的合影

图5-21 在沈阳福星托老院绘制墙绘

图 5-22　在沈阳福星托老院绘制墙绘

图 5-23　在沈阳福星托老院绘制墙绘

图 5-24　在沈阳福星托老院绘制墙绘

图 5-25　在沈阳福星托老院绘制墙绘

们喜欢的各种卡通人物，有色彩鲜明的抽象画，还有别具一格的剪影绘画，侧面均以小图案装饰。这让原本呆板破旧的变电箱重新焕发光彩线。大家为变电箱"穿上新衣"的同时，也为自己的心灵增添了亮丽的色彩（图5-26~图5-28）。

图 5-26　在皇姑区泰北社区为变电箱画画

图 5-27　在皇姑区泰北社区为变电箱画画

在端午节前一天，"父亲节"这个特殊的日子里，人文学院学雷锋爱心团队又一次来到了沈阳福星托老院，进行慰问，并为托老院绘制了墙画。师生们一同用画笔，描绘出新二十四孝全图内容，发扬优良传统文化，尊老、敬老和爱老，弘扬鲁艺精神，用艺术传递爱心。活动当天，师生们发挥专业特长，为托老院破旧泛黄的墙面绘上色彩斑斓的墙画，墙画内容以新二十四孝为主题，师生们在阴沉闷热的天气中开始作画，协调合作，用画笔一笔一笔勾勒，勾勒出老人们的赞美，用颜料一点点描绘，描绘出

图 5-28 在皇姑区泰北社区为变电箱画画

鲁艺人的热情。新二十四孝图与敬老院完美融合，形成了一道亮丽的风景线。当天师生们还为老人们送去米面油等生活必需品，与老人们亲切交流，让老人们感受到了亲人的温暖和关怀。

鲁迅美术学院人文学院学雷锋爱心团队在响应党中央深化"三城联创"为民、惠民、利民号召的同时，为沈阳市"三城联创"贡献着自己独有的一份力量。师生们在社区、托老院义务服务、挥洒汗水的同时，也享受着那份助人为乐的幸福感。学雷锋爱心团队也曾多次义务服务社会，团队本着"发扬雷锋精神，传承优良传统"的宗旨，以雷锋精神为根基，服务党和人民，极尽所能地为社会做贡献，努力帮助更多需要关注的群体。

此次"爱心助力文明"志愿服务系列社会实践活动，不仅为"三城联创"贡献了微薄之力，还给老人们带去了温暖，同时也使大家在劳动中收获了不一样的快乐。同学们在此次活动中坚定了不抱怨、不退缩、尽己之力服务社会的信念，弘扬了社会主义核心价值观，传递了社会正能量。

第六章　学生对陆国斌老师的反馈

大学生志愿服务活动具有践行思政教育的功能，为思想政治教育搭建了一个良好的实践平台，使思想政治教育从理论走向实践，是艺术类大学生实践育人的一种有效载体。陆国斌老师长期以来，力求将专业教育与思政教育相结合，他带领学生发挥专业优势，服务并奉献社会，引导学生用自己的画笔，弘扬社会主义核心价值观，宣传国学、新二十四孝以及当地的风土人情，为推进农村精神文明建设贡献了微薄之力，充分发挥了社会实践在第二课堂中的优势作用，弘扬了社会主义核心价值观，传递正能量，培养学生树立正确的三观。学生们在实践中不但提高了自身的专业能力，在帮助他人的同时也提高了自身的修养，不断重新认识和完善自我，增强了自身的社会归属感及责任感，达到了提高学生综合素质的目的。

践行雷锋精神，共铸美丽乡村

鲁迅美术学院人文学院2016级本科生　刘梦雨

雷锋曾有句话："在有限的时间里，做最有意义的事。"而陆国斌老师完美地诠释了这句话。陆国斌老师用画笔画出了雷锋精神，在思想上学习了雷锋精神，在生活中践行了雷锋精神。

陆国斌老师最让我们佩服的是他不仅在物质上帮助贫困老人、贫苦学生等，还用画笔这个特殊而又美丽的工具宣传了雷锋精神，也为"美丽乡村"做出了巨大的贡献。我们鲁迅美术学院史论系的学生也经常跟着陆国斌老师献出自己的力量。在2018年我曾经跟着陆国斌老师来到辽宁省义县张家堡乡上宝林村画墙画。这是我第一次跟着陆国斌老师画墙画。在这个过程中我深深地感受到陆国斌老师那一颗赤诚之心。陆国斌老师开着那个伴随他多年、和他一起做过许多有意义的事的面包车带着我们从学校前往宝林村。我们从城市到了乡村，陆国斌老师带我们领略了不一样的美。陆国斌老师选择的绘画题材也是和宝林村相符合的。宝林村最出名的就是中国著名风景区宝林楼，而且宝林村是个风清水秀的宝地。陆国斌老师选择的绘画题材除了宣传雷锋精神，还因地适宜地加入了一些中国画中的山水画的因素，使整个乡村都笼罩在一片青山绿水，生机勃勃的氛围中。夏天天气的炎热也抵挡不住我们的热情。陆国斌老师也带我们去了宝林楼，更进一步地了解了这个风水宝地的历史。

陆国斌老师不仅是"美丽乡村"的实践者，而且陆国斌老师还把墙画艺术扩展到了敬老院。让敬老院的老人也能感受到艺术美，由此让他们的心情更为愉快。我们在敬老院的墙上画着二十四孝。在白色的墙上，用五彩的画笔画出了美好。当时我犹记得天公不作美，小雨不断。但是我们每个人都在不影响身体健康的前提下画着我们自己心中的美好。敬老院的老人们也是非常开心，在阴雨连绵的天气中，不只是老人，还有我们这些在外求学的学生都感受到了家的温暖，感受到了爷爷奶奶们的美好。我们不只是在帮助他们那么简单，也是一个互相帮助的过程。

在雷锋精神的照耀下，那些丑陋的虚伪的行为被脱去虚假的外衣，赤裸裸地接受世人的批判与揭露。我们也应该拾起雷锋精神，用行动去帮助别人。老子曰："大道废，有仁义；慧智出，有大伪"。这告诉人们要有公德，社会才能公正和谐；不虚伪，生活才更加美好！学习陆国斌老师更要从实际出发，让爱与关怀播撒人间。

"人的生命是有限的，可是，为人民服务是无限的，我要把有限的生命，投入到无限的为人民服务之中去。"这样的人，这样的精神，是任何时代都需要的，也是需要我们向陆国斌老师教授学习的。

雷锋传人——陆国斌老师

鲁迅美术学院人文学院2016级本科生　陈维双

陆国斌老师一直是我十分敬仰尊重的人。初入学校，听说系里有个致力于公益慈善的老师，只是心里佩服，却从没有想着跟着老师的步伐一起去做些事情。一直到学期考察，深入大山。没有花花世界纷扰，便少了些懒惰，多了分勤恳。

每日跟随老师上山写生，入景融情，又有幸参与养老院慰问活动，才激发出自己对生活的热爱。日子不能过分单调，总得做些有意义的事儿。

"给电箱穿新衣"这个活动是自愿报名的，最初也是觉得很有意义。虽然并不擅长绘画，但是曾跟随学校参与过儿童医院病房墙绘，也算有些经验，不至于拖后腿，便兴致勃勃地报了名。坐着已经陪伴老师多年的面包车，一行几人便出发了。任务并不艰巨，只是在社区内给面目斑驳的电箱重新绘上色彩。如这般风吹雨淋，兢兢业业坚守岗位，哪怕不知冷暖，也该是漂亮明艳的。

这次活动中，陆国斌老师自带画具，无偿劳动。还贴心地给我们这几位小助手带了围裙，免得弄脏衣服。一群人选定好图案后，陆国斌老师负责打底稿，其余人负责添彩渲染。最艰难的部分完成了，后续就轻松容易多了。

一日光阴在忙碌中不觉流逝，夜幕降至，小面包车又启程了。记得我们忙了一天还未吃晚饭，陆国斌老师又带我们去吃了热腾腾的拉面。一碗热汤面下肚，一身疲惫都烟消云散。

若是说到做公益，陆国斌老师也算是我见过最坚持的人了。做事从一而终，说得简单，做起来确实很难。既需要精力充沛，又需要极限的耐心。被人误解时三两句是解释不清的，落入困境一时半会更是脱不得身。能够几十年如一日的保持初心，内心得足够强大。

在写生的时候，也曾跟着陆国斌老师去拜访过他赡养的孤寡老人。天命之年无亲无友，生活难以自理，陆国斌老师之举无疑雪中送炭。大多数老人早已将陆国斌老师当作亲人，感恩无言，十分令人动容。

记忆中陆国斌老师永远是一部直板手机，一身朴素衣裳。头戴雷锋帽，脚踩解放鞋。虽然生活方面节俭，但学术方面陆国斌老师却从不苛刻。为了让我们更多地了解学术历史，考察时陆国斌老师专门花钱雇用了讲解员，还特意请了研究生学长来给我们进行更详细的讲解。老师还曾自费给班级学生购买花材画具，只为了学生们有更好的环境学习。对自己苛刻，对他人永远尽自己所能。

赡养孤寡老人，资助贫困学生，发展落后山村……陆国斌老师如春蚕吐丝，他的人生，可谓"捧着一颗心来，不带半棵草去"。

"四度春风化绸缪，几番秋雨洗鸿沟"于师，古今之人向来不吝啬赞美和警训。求学十几载，受过无数老师教导，有些缘分已尽、如今擦肩不识，但陆国斌老师的谆谆教诲，自是永生难忘了。

墙绘助力建设美丽中国

鲁迅美术学院人文学院2016级本科生 李昭敏

"建设美丽中国已经成为中国人民心向往之的奋斗目标"，习近平同志在2019年中国北京世界园艺博览会开幕式上发表重要讲话，深刻总结了中国推动生态文明建设的生动实践，深入阐释了弘扬绿色发展理念的深刻内涵，向世界展示了建设美丽中国的坚强决心，宣示了追求绿色发展、建设生态文明的坚定信念。

建设美丽中国，需要坚持习近平生态文明思想，需要走好绿色发展道路，需要从自己、从现在做起。生态文明是人民群众共同参与、共同建设、共同享有的事业，每个人都是生态环境的保护者、建设者、受益者。凝聚推动生态文明建设共识和建设合力，积极主动地成为践行者，驰而不息，久久为功，才能把我们伟大的祖国建设得更加美丽。

为深入学习贯彻习近平新时代中国特色社会主义思想，引领教育广大青年学生勇做担当民族复兴大任的时代新人，以实际行动服务为全面建成小康社会贡献青春力量。在陆国斌老师的带领下，我们进行了一系列的墙绘活动，用所学专业知识回报社会，用实际行动践行一名大学生的青春誓言，用墙绘助力建设美丽中国。

墙绘作为一种重要且特别的景观载体，内容方式各异，但其显示出的灵动和生机为观者带来了不一样的视觉感受，为"建设美丽中国"增添了别样的风采。在陆国斌老师的带领下，我们为街道和社区的配电箱穿上了"新衣"。我们用彩色颜料在白色的底色上尽情挥洒，一个个鲜活的、有趣的卡通形象诞生于笔下。俏丽的配电箱为社区和街道增添了一道靓丽的风景线，为社区居民和路人带来了愉悦的观感。我们还将墙绘的笔触延伸到了敬老院。我们用孝道文化装点了敬老院的墙壁，用笔触传播传统美德。在志愿服务的过程中，我们为敬老院的老人们带来欢乐，也深刻地体会到"敬老、爱老、助老、孝老"的重要意义。我们通过墙绘志愿活动的形式来传播文明和文化，将关怀带给社会和其他人，将精神实化进行动，以促进人们将精神上的共鸣付诸行动，促进社会的和谐发展和进步，促使美丽中国建设更好地向前发展。在志愿服务过程中，我们不仅奉献社会，为建设美丽中国尽一份力，还提升和发展了自己。我们通过参与墙绘志愿活动，亲身体验，亲身感受，加深了对社会的认识。墙绘志愿活动的开展提高了我们的实践能力，激发了我们的责任心和使命感，更加深刻地去践行"奉献、友爱、互助、进步"的精神，在接触社会、了解社会的过程中实现自己的价值。

我们带着助力建设美丽中国的情怀，将专业所学化为实际行动，传承鲁艺精神，进一步坚定了"爱国、励志、求真、力行"的理想信念，为建设美丽中国、夺取新时代中国特色社会主义伟大胜利汇聚青春力量。

绘出生命的意义

鲁迅美术学院人文学院2016级本科生　周芳

陆国斌老师立足本职、担当奉献，义务赡养孤寡老人三十余载，资助困难学生三百余人，真情温暖弱势群体，无私奉献公益事业。先后获得第五批全国岗位学雷锋标兵、辽宁省五一劳动奖章、辽宁省高校系统优秀共产党员、"感动沈阳"十大候选人物、沈阳市"学雷锋"十佳人物等荣誉。他用自己的力量传递正能量、弘扬雷锋精神，传承中华传统美德，自觉做践行社会主义核心价值观的模范，做学雷锋学郭明义的榜样。

这次，我跟随陆国斌老师参与了敬老院画墙画的活动。我们刚到敬老院，很多老人便笑着出来迎接，我想这个笑容是对陆国斌老师最好的回馈。这一次，我亲身加入进来，体验了用自己的双手为社会、为他人做贡献，整个过程都很和谐，陆国斌老师亲自爬高起稿，同学们在陆国斌老师的带领下，欢声笑语地为这些动漫人物上色，老人们坐在院里欣赏着新的墙画和标语，不亦乐乎！画完墙画，我们帮着陆国斌老师把一些他给老人们带来的生活用品搬进了养老院，并且一起探望了老人们。他们看见我们的到来非常开心，在院子和我们唠起了家常，聊着聊着还唱起了歌，一路唱一路把我们送出了养老院。这次的体验很独特，它让我想到了很多，想到了自己父母老的一天，想到了家里的老人，想到了他们年轻的时候，还有老了孤独盼望的时候。看着他们送走我们时落寞不舍又充满期待的眼神，我有些许的鼻酸，非常感谢陆国斌老师给我的机会让我有这一次的体验，不仅给从未谋面的老人送去了温暖，同时也让我对自己的父母有了新的认识。

而这些墙画，不仅留在了墙上，也留在了我的心间。墙画，是一道文化风景，是在广大农村地区宣传党的方针政策、传播文明新风、普及生产生活常识的有效阵地，也是农村精神文明建设的重要窗口，更成为实现美丽乡村建设与"中国梦"的重要载体。它以生动活泼、通俗易懂又贴近农民生活的设计理念，制作了形式多样的彩绘"墙画"，以漫画、标语、格言等形式，在这间老养院的墙面上反映出来，不仅有美化作用，也让百姓们亲身感受到了浓浓的温暖。

这次为敬老院画墙画的活动，我们在陆国斌老师的带领下圆满地完成了任务，用自己的切实所能去回报社会。看着老人们一张张满意的笑脸，我忽然明白了生命的意义。生命的意义不在于位置高低，富裕与否，重要的是要有一份感恩回馈之心。穷则独善其身，达则兼济天下。用自己力所能及和一技之长给社会带来幸福和欢乐就是生命的意义所在。这不正是对举国提倡的正能量的回应，感谢陆国斌老师用自己十年如一日的付出和行动为我们学生诠释了雷锋奉献精神。榜样的力量是伟大的，而身边榜样的力量是更为生动的，纸上得来终觉浅，绝知此事要躬行。作为陆国斌老师的学生我一定会积极响应党和国家的号召，严肃认真，脚踏实地。将自己所学所用积极投身于社会实践与回馈之中。感恩之心需要牢记，奉献之心需要传承。愿自己不忘初心，牢记使命。少年强则国强，我一定用自己切身行动去响应陆国斌老师的学雷锋活动。

绘墙画，与雷锋同行

鲁迅美术学院人文学院2016级本科生 宫瑞岑

为了落实国家"精准扶贫"政策，积极扶贫，改善农村环境，弘扬鲁艺精神。2018年7月23日，我作为鲁迅美术学院美术史论系的一名普通学生，利用暑假时间在本校陆国斌老师的带领下，与五名同学来到朝阳县二十家子镇刘杖子村绘制墙画，利用在学校学到的绘画知识，为建设美丽乡村尽一份微薄之力。

陆国斌老师作为我们学雷锋的榜样，助人的事迹数不胜数，陆国斌老师的仁爱之心使我们为之感动，他虽是教授却朴素无比，陆国斌老师的以身作则，使我们充满敬意，向他学习的决心也日益强烈。作为一个从未来过乡下的学生，这次的下乡扶贫义务绘制墙画活动对我影响很深，是我的学习生活中最充满正能量的一笔，无法忘怀。

刘杖子村是朝阳县的贫困村，该村也是我校的重点扶贫点，村子中以畜牧业为生，大部分年轻人离开乡村，到周边城市中打工，剩下部分青年与老人、小孩在村中留守。当我们走进这个小小的村庄，踩在脚下的是黄色土道，两旁是村民的房屋，可以发现这些平房已经脱去了贫困的印记，在扶贫的帮助下焕然一新。坐在老师的标志性"小面包车"里，驶过了颠簸的土路，来到了新建好的村部，我们在这里展开为期一周的义务美化乡村活动。在这一周中，我们在陆国斌老师的带领下不分昼夜地绘制墙画，克服了暴雨和酷暑的重重考验。陆国斌老师以身作则，不辞辛劳为村部作画，我们亦从中磨炼着毅力，跟随老师一起努力，绘制村部的内外墙面，将原本空白的墙面改造为山水画卷。墙面上的绘画宣扬着社会主义核心价值观，美化了乡村环境，也为村民们带来了精神食粮。在绘画过程中，村中不少村民和儿童都前来村部观看墙画，一些好学的儿童带着好奇而又充满求知欲的心情全神贯注的学习着如何绘制山水画，并且组织了小小雷锋班，成为刘杖子村小小雷锋班的一员，将学习雷锋的正能量传承下去，我想这样的活动对小朋友健康的三观养成必定具有潜移默化的作用。

绘制墙画期间，陆国斌老师与鲁美驻村书记带领我们参观了村中在政府扶持下种植的农田，并且拜访村中贫困户，为他们带去问候与生活物资，在他们的热情招待和交流中了解到各个贫困户所面临的生活难题，其中有些问题已经在社会的帮助下化解。从每一个贫困户孩子的眼中我们都能够看到他们想要走出大山的热切渴望，在社会的帮助下一颗回报社会的炽热之心正在孩子的心中悄悄发芽。

这次义务绘制墙画活动，对我来说不仅仅是一次绘画的实践课，也是一场别开生面的思想教育课，当我们为村民们带来了艺术上的体验，将空荡荡的街道改造成了文化长廊而得到村民们的赞扬和感谢时，便将一切在绘制墙画过程中所受到的挫折和汗水一扫而光，这种满足感是发自内心的，是前所未有的。文化振兴是乡村振兴之魂，振兴乡村文化是社会主义现代化精神文明建设的内在要求，在陆国斌老师的引导下，用我们的所学、尽我们的所能改造乡村、回报社会，发扬雷锋精神，用艺术使农村焕发文明新气象。

新时代筑梦人——陆国斌老师

鲁迅美术学院人文学院2016级本科生 贾传凤

自中华人民共和国成立70年以来，我们的祖国发生了巨大改变并取得突出成就，这些都离不开每一位为中国梦付出汗水的人。其实，令我对新时代辽宁精神加深认识的人，正是我的一位老师——"全国岗位学雷锋标兵"陆国斌老师。他用爱心、用艺术身体力行，加强社会主义核心价值观的传播，将生活的每个角落都构建成正能量的传播阵地。

陆国斌老师的事迹人尽皆知，他自六岁同母亲做善事，无论是资助贫困学生，还是扶养老人，适时、适量地给予，是他的助人之道，至今五十余年，将雷锋精神薪火相传。他如红烛般奉献着光与热，倾尽所有。或许，燃烧便是对其品格与精神最好的概括。在陆国斌老师的带领下，我们烈日炎炎不喊累，寒风猎猎不叫苦，助人为乐笑开颜。春蚕一生没说过自诩的话，但那吐出的银丝便是丈量生命的价值之尺。陆国斌老师从未在别人面前炫耀，但那盛开的桃李和那如春的笑靥，便是对他最高的赞赏。

为响应党中央深化"三城联创"为民、惠民、利民的号召，我们同陆国斌老师为义县绘过千余米墙画，也为敬老院破旧的墙上增添了新的色彩。墙绘以新二十四孝为主题，发扬优良传统文化，用艺术传递爱心，助力城乡建设。大家用画笔勾勒出老人们的喜悦，描绘着鲁艺人的热情。师生们也时常为老人们送去米面油等生活必需品，礼轻情重，期望老人们身体安康，幸福无忧。一系列志愿服务社会活动，为老人们献上温暖的同时，也使大家收获了不一样的欢乐，更坚定了大家不抱怨、不退缩、尽己之力服务社会的信念，弘扬了社会主义核心价值观，传递社会正能量。

多次志愿服务活动得到沈阳市区领导、媒体和校系师生的大力支持以及群众一致好评，对大家来说这都是终生难忘的回忆和受益匪浅的人生经历。跟随陆国斌老师一起做志愿活动，在考察、实践中不断地改造自己的世界观，重新认识自我、充实自我、挑战自我、完善自我。这使我们更加成熟，也使大家向美好的未来跨出了坚实且有意义的一步！身边能够有这样一位好老师，胜过千万卷书籍，值得我们仔细品读，去学精髓，扬风骨。也许，有一天他的两鬓会斑白，但他的品格与精神定百年不衰。

作为新时代大学生，我们不仅要学习习近平同志新时代中国特色社会主义思想和党的十九大精神，更应该投身社会实践，增长知识才干，坚定理想信念，勇做时代的弄潮儿。让我们一同参加健康向上、格调高雅的校园文化活动；一同深入体会革命文化和社会主义先进文化内涵价值；一同以服务群众为宗旨，传播中华优秀传统文化。让我们激扬青春，不忘初心，砥砺前行，共筑中国梦！

墙绘引领新农村建设

鲁迅美术学院人文学院2017级本科生　张诗琦

文化墙不仅是一道文化风景，也是广大地区宣传党的方针政策，传播文明新风，传递正能量，传播精神文明的重要载体，也是精神文明建设的重要窗口。

大一下学期时，跟随陆国斌老师到红星敬老院手绘墙画，通过那次实践活动，不仅增加了我的见识，也提高了实践能力。在画墙画过程中，敬老院的老人们纷纷搬椅子坐在外面观看我们，为平时清静的敬老院增添了欢乐的笑声，而且老师也很和蔼，能充分感受到老师那份乐于助人，积极向上的精神。同时，此次活动可以提高我们的社会责任感，提高我们服务社会意识。

墙画对美丽中国建设的意义是广泛的，随着经济体制改革的深入，经济要素活力的提升，发展成了社会经济推进过程中最重要的主题。我们可以看到，政治体制不断完善进步，经济发展速度越来越快，而我们当今大学生对文化建设是可以做出巨大贡献的，身为美术学院的学生，画墙画是我们建设美丽中国文化的方法之一。在农村的空白墙上进行墙绘，与乡村特色诗词结合设计绘画板，美化乡村，美丽中国。同时，这种团队合作可以让大家领会到团队的重要性。通过活动可以以一种新的角度进行交流沟通，有利于我们引领个性，全面认识自己，为以后工作打下良好的基础。

党的十九大报告提出：实施乡村振兴战略，应按照产业兴旺，生态宜居，乡风文明，治理有效，生活富裕的总要求，加快推进农业农村现代化。

大家都知道，美丽乡村是美丽中国建设的基本单元，要建设美丽中国，首要任务是全面提升农村生态环境，努力把农村打造成环境优美，生态宜居，底蕴深厚，各具特色的美丽乡村。

在美丽乡村建设中，通过对文化的挖掘建设，独具特色的美丽乡村，做文化的传播者，建设者。墙绘景观挂件等作为重要的景观载体，看起来虽然很小，很不起眼，但是将散落各处的小景观汇聚在一起，却多了不少灵动和生机，为"美丽乡村"建设增添了无数的乐趣。为群众带来了更多别样的欢乐，可以说起到了"四两拨千斤"的作用。

其中，在墙绘设计中我们应注意文化墙内容上要活泼多样，形式新颖，富有创意。把深刻的道理通俗化，把美好生活艺术化。而且，不能做孤立的画作，一幅好的墙绘作品应该与周边环境相呼应，互搭配不突兀。比如，陆国斌老师带我们去敬老院墙画，选择的是"二十四孝图"为主题，与敬老院相呼应，使感观看起来很和谐美好。

我个人非常喜欢画画，画墙画更是让我兴奋的事。支持老师举办这样的活动，希望有更多的机会去参与。

绘心灵之墙画

鲁迅美术学院人文学院2017级本科生　赵璞如

今年假期我们跟随陆国斌老师下乡绘制墙画，让我们在扩大眼界的同时也增添了许多经验。我们被陆国斌老师敬业奉献的精神深深打动，同时也在心里暗想作为陆国斌老师的学生，要将这种精神传承下去，做最美鲁美人。墙绘的艺术价值可以体现在很多方面。例如借用墙体墙绘，美化村容，传播文化，把宣传文化与美结合起来，成为乡村欣赏的风景线！

一系列文化墙绘，展现了建设风貌、运动精神和历史文化，让人们从乡村墙绘中找回历史价值，让这人们记住这一路走来的痕迹，也为我们墙绘画册增添了丰富的内容。同时我们还为街道、社区等公共场所绘制教育、它不仅是新农村走向外界的窗口，也是吸引各地人们前来驻赏的一道亮丽风景。体现了农村的经济建设、政治建设、文化建设、社会建设的各个层面，其中乡风文明建设是推进新农村建设的一个重要方面，其要求是在农村营造生气勃勃、富于创造、勇于进取的思想文化环境，营造科学健康、文明向上的社会风貌，为农村经济社会发展提供思想保证、精神动力、智力支持和文化支撑。农村墙体彩绘不仅仅是随便画点风景，同时也传递着精神文明建设的信息，新政策、新风向、让每一次观看变成习惯，让每一次的驻足变成美德。摒弃农村旧俗，以崭新的精神面貌创建未来生活，没有电视上面铺天盖地的广告，有的是画龙点睛的提醒，提醒着每一个村民，朝着共同的目标奋斗。乡村墙绘内容丰富，突出时代主题。在推进"文化墙"建设中，始终坚持以社会主义核心价值体系为主旋律，倡导文明和谐、健康向上的时代主题，努力把"文化墙"建成群众欢迎的政策明白墙、科技指导墙、文化娱乐墙、美德教育墙。

"文化墙"根据党和政府的方针政策、中心工作，进行阶段性更新创作，内容贴近农村生产生活实际，涉及范围比较广，有名言警句、科普知识、文明礼仪、交通安全、中华传统美德、社会主义荣辱观、民风民俗、婚育新风、环保知识、卫生常识等，还有宣传孝敬父母、邻里和谐的生动事迹。此次使我受益良多，不仅加深了自己对墙体彩绘和当今社会人们对生活的追求等问题的了解和认识，还在实践中充分地提高了自己的能力，接触了社会，使自己获得了全方位的提高。

墙绘的意义

鲁迅美术学院人文学院2017级本科生 单可欣

墙绘是指以绘制、雕塑或其他造型手段在天然或人工墙壁面上绘制的画。作为建筑物的附属部分，它的装饰和美化功能使它成为环境艺术的一个重要方面。墙绘壁画为人类历史上最早的绘画形式之一。

另外，墙绘以倡导文明、宣传公益、健康运动、绿色环保、宣传新城市文化、推动城市品牌建设以及帮助城市提升品牌形象为己任。要把墙景美化作为支持城市精神文明创建工作的一项行之有效的载体，与改善美化城市街景结合起来。把城市的形象品牌有效融合，描绘和谐、文明、人文、艺术的城市风景线。

2018年暑期我们几个同学跟随陆国斌老师一起进行了社会实践。实践内容就是去给养老院画墙体彩绘，绘制的内容是新二十四孝，与传统的"24孝"相比，此次出炉的新"24孝"更简洁易懂，朗朗上口；不仅包括"教父母学会上网""为父母购买合适的保险"等与现代生活紧密结合的行动准则，还包括"支持单身父母再婚""仔细聆听父母的往事"等观念突破和对老年人的心理关怀。老龄化趋势日益严重、不孝思想颇有抬头的今天，为了宣传孝道与感恩，以墙绘的形式，绘制全新的二十四孝故事，弘扬中华民族传统美德。参加这次实践活动，使我受益良多，不仅加深了自己对墙体彩绘和当今社会人们对生活的追求等问题的了解和认识，还在实践中充分地提高了自己的能力，接触了社会，使自己在各方面获得了全方位的提高。

陆国斌老师不止一次不求回报地做公益活动，还带领上届学长学姐们一起绘制了新农村文化主题墙绘。一花一世界，一墙一风景，一村一主题，当艺术墙绘遇上了美丽乡村，经过岁月沉淀的村落，因为艺术墙绘，越发韵味独特！新农村文化墙墙绘是以倡导文明、健康运动、宣传公益、宣传新文化、绿色环保、推动城市品牌建设及帮助城市提升品牌形象为己任。墙绘把墙景美化作为支持城市精神文明创建工作的一项行之有效的载体，与配合改善美化城市街景结合起来，把城市的形象品牌有效融合。描绘和谐、文明、人文、艺术的城市风景线，当然还有新农村的文化墙墙绘也是一样的，从前的乡村面貌除了自然风景，再无其他，而现在，艺术家们将充满故事的画面绘制在墙面上，结合自然风景特色，人文情怀，自然带来不一样的风景。展示农村的新生活、新气象、新风貌，进一步美化农村环境，让广大群众欣赏彩绘，增强对文化的了解和建设美丽乡村的热情。

艺术家将以往的故事改编成画，经过不断的细心创作，再一笔一笔的画到墙面上，让人每每在见到这幅作品时都能牵起人们从前的故事，都能让人感受到时间的变化，时间的消逝纵然让人感到惋惜，但现在的生活也依然是充满美好的。

捧着一颗心来，不带半根草去——致敬陆国斌老师

鲁迅美术学院人文学院2017级本科生　韩任宁

三月的风轻轻拂过，拂过了山峦，滑过了冰面，吻过了花草，走过了大地。山峦褪去了雪衣，披上了春的绿衣；湖泊打开了冰门，正在迎接着万物的归来；花花草草也舒展好了自己的腰肢，重新沐浴在日光之中；春回大地，风用手中的画笔，点缀着万物，好似一幅明快的油画，真是沁人心弦。

三月是我加入陆国斌老师学雷锋爱心团队的时候，是我最爱的月。

一块面包，足以填饱一个饥饿的肚子；一次接送，足以温暖了一颗寒冷的心；一座房子，足以感动万千的家庭；一支画笔，足以绘制出人性的光辉。

感恩奉献，付出不已。

陆国斌老师常说："母亲告诉我做人要懂得感恩！"这些年来，陆国斌老师凭借自己高超的绘画水平用艺术回报乡村，用艺术扶贫的方式，义务地为多地贫困乡村绘制社会主义核心价值观主题墙画，为当地发展旅游业提供文化和艺术的支持。谨遵母亲的教诲，这是孝道；不忘初心、坚持不懈地回报社会，这是人间大道！

我有幸参加过几次与陆国斌老师"艺术扶贫，绘制墙画"活动，感触颇深。尤记得去年夏天，我们前往朝阳刘杖子村绘制墙画，烈日炎炎的六月太阳高照，是近些年来辽宁最热的一次，陆国斌老师六点即起，驱车前往绘画地点。随着太

阳的升起，气温逐渐达到了39℃，我们已经挺不住了，陆国斌老师亲切地让我们进屋休息，并为我们买了冰糕、西瓜，而自己却不吃不喝，依旧埋头苦干，直到晚上天黑，再到凌晨。这种毅力，是我辈最应该学习的。也忘不了，陆国斌老师驱车带领我们前往红星敬老院，关爱那些老人，并自掏腰包购买粮面等一些生活用品，资助老人。还自带颜料，一丝不苟地为敬老院绘制墙面，带领我们为敬老院"添砖加瓦"，再一看，焕然一新！从老人们的笑容上，我们感受到了别样的温馨。"春蚕到死丝方尽，蜡炬成灰泪始干"，陆国斌老师的言传身教，在我们的大学生涯里上了一节生动形象的暖心课，不仅教书，更为育人！

艺术扶贫，美丽中国。

党的十九大报告指出，"中国特色社会主义进入新时代，我国社会主要矛盾已经转化为人民日益增长的美好生活需要和不平衡不充分的发展之间的矛盾"，并提出"为把我国建设成为富强、民主、文明、和谐、美丽的社会主义现代化强国而奋斗"。"美好""美丽"得到了充分的重视。

陆国斌老师坚定不移地绘制乡村墙画已达2万多平方米，用艺术和创作回馈社会，满足了新时代的要求。遥想强汉之文景之治，壮唐之开元盛世，在国力强盛的同时，也伴着文化的繁荣、艺术的辉煌。以文化艺术事业为核心的美好生活，是一个民族伟大兴盛的标志。陆国斌老师的善举是在为祖国的日益美好做出的一份贡献。授人以渔不如授人以渔，如果只是一味地经济扶助，是不可行的，还要在思想文化上作出改变，陆国斌老师绘制的墙画内容，新二十四孝、中国特色社会主义核心价值观等新时代鲜明的主题，为贫瘠地区的人们带来精神与文化上的滋养。

陆国斌老师被评为全国岗位学雷锋标兵，可谓"不论平地与山尖，无限风光尽被占"。陆国斌老师是继承雷锋精神的人，是三月的柔风，是艺术界的彩风，绘制出绚丽夺目的雷锋精神画作。陆国斌老师用自己生动感人、催人奋进的亲身经历激励着万千人们，陆国斌老师脚踏实地地践行雷锋精神，是新时代我辈之榜样！我们会充分发挥各自专业优势，传承鲁艺红色血液，从小事做起，刻苦学习，努力工作，向陆国斌老师学习，用实际行动践行雷锋精神，无私奉献，润物无声，保持一颗大爱的心，让雷锋精神这面旗帜在鲁美的上空永远飘扬！"新竹高于旧竹枝，全凭老干为扶持。"我相信在陆国斌老师的带领下，我们定会不忘初心，紧跟陆国斌老师的步伐，永远坚定雷锋之精神，服务社会，美丽祖国！

绘五彩墙画，筑美丽中国

鲁迅美术学院人文学院2017级本科生　蔺圣冰

从步入红星养老院时看到的一面面贫瘠的墙面，到一幅幅引人注目的壁画跃然于墙面之上。此次的墙绘活动使我受益颇深。

在陆国斌老师的带领下，我们首先慰问了养老院中的老人并对他们的生活状况进行了了解，并帮助打扫了老人们的居室。在闲暇间聊天的过程中，老人们都不约而同地提及了陆国斌老师的到来不仅提高了他们的生活质量，更是丰富了他们的精神生活，使他们的老年生活不再孤独。聊天中他们更是亲切地称他为"陆先生"。从中我也了解了陆国斌老师对于这家养老院的贡献，不仅仅是在财力上竭尽全力的帮助，更是定期前来与老人们交流谈心的心血倾注。虽是只言片语的闲聊，但言语间都体现出了他们对陆国斌老师的感激之情。

在慰问活动后，我们开始了此次活动的主题。由于之前没有墙绘的经历，大家先是环坐到陆国斌老师的身边，听他讲解了墙绘的绘制过程并对绘画任务进行了分配。由于身高的原因，我首先被分配到了刷白墙的岗位上，看似简单的工作，实则是墙绘进行的基础，良好的底板才能使凸显壁画的效果并使之保存得更为长久。结束了准备工作，我们开始绘制，从老师示范的构图、调色到我们的亲身实践，过程充实而充满乐趣。

作为对"美丽中国"的积极响应，陆国斌老师以"新二十四孝"作为墙绘的主题，并为我们讲解了"新二十四孝"的具体含义，使我们对中国的优秀传统文化以及新时代提出的社会主义核心价值观有了更加深入的了解。在绘制墙画的同时我们也受到了潜移默化的影响，我们了解到了老人们生活的不易，并理解了陪伴才是对老人们最好的关怀。我坚信我们会将这一理念付诸现实，把与时俱进的"孝"文化融入到我们的血液之中，从做一个孝顺的人做起，并积极影响身边的其他人。

陆国斌老师所不断发起的墙绘活动对"美丽中国"的建设有着深远的意义，他不仅美化的城市的外貌，更是将优秀的传统文化以图像的形式展现在城市之中，让民众更容易理解，其中所蕴含的意义也将潜移默化地进入人民群众的心中，进入参与绘制的学生心中。这样的活动不仅美化了城市的居住环境，更是美化了人们的心灵，这便是墙绘活动对建设美丽中国，宣传社会主义核心价值观更深层次的意义吧。

通过跟随陆国斌老师参加的这几次墙绘活动，使我深刻的理解到了其中的深层的内涵，从"小墙绘"看到"美丽中国"，我逐渐喜爱上了墙绘这项活动，更是希望今后可以更多地跟随陆国斌老师参加这样的活动，进一步加深我对中国优秀传统文化的理解以及社会主义核心价值观的理解，并将自己的力量深入"美丽中国"建设的实践活动当中。希望早日成为建设"美丽中国"的中坚力量。

用画改造美丽乡村　用心建设美丽中国

鲁迅美术学院人文学院2017级本科生　张涛杰

进入义县的主要乡村街道，一幅幅画得精美的墙绘尤其引人注目，村庄规则，孝道礼仪，环保，社会主义核心价值观等内容的绘画吸引了村民的注意，画作时村民经常在墙前看着。保护环境和社会主义的核心价值观深远而深刻，通过生动的墙绘，我们的人民更容易理解和接受。这种绘画宣传文化墙已成为宣传党的特殊形式围绕着人民。

自美丽乡村开始以来，陆国斌老师以"美丽的村庄""村庄规章""孝道礼仪"和"社会主义核心价值观"为主题，以"党建示范村"为契机考虑绘画风格和乡村生活。设计，听取村民的建议，提高屏幕内容质量，使文化墙更加扎根，更贴近民生。从清洁街道到粉刷墙壁，村庄的外观在几天内发生了很大变化。陆国斌老师带领着学生用心地去建设美丽乡村。一幅幅美丽的绘画，是陆国斌老师的心血，他以建设美丽义县为己任，想让这些人民也能受到文化的熏陶，并且这些举措改变了人们对于农村脏乱差的刻板印象。

绘制"文化墙"并展示"环境美"已经成为帮助美丽乡村建设义县的"美

丽"举措。不少村庄有着一面面墙绘，这些墙绘形成一道靓丽的风景线。五彩缤纷的"文化墙"汲取文明，和谐，弘扬群众，打造农村。

随着美丽乡村建设的不断建设，陆国斌老师将进一步创新工作思路，丰富内容，丰富业绩形式，真正使绘画文化墙成为美丽乡村建设的重要文化前沿。达到让墙壁"说话"，让文化教育人们的目的，让我们美丽的村庄变得越来越文化。

陆国斌老师积极响应"美丽中国"，常常带领学生们参加墙绘活动，并在活动中给学生们讲解活动的意义，普及中国传统文化，深化学生们心中的社会主义核心价值观。陆国斌老师常常将中国的"二十四孝"作为墙绘的主题，学生们在进行绘制的同时，也会潜移默化地受到影响，在内心中也会埋下"孝"的种子，美化青少年内心，使其渐渐成为"美丽中国"的中坚力量。

陆国斌老师所不断发起的墙绘活动对美丽中国有着非常重要的意义，它不仅美化了乡村的外貌，渐渐改变了人们对乡村脏乱差的固有观念，而且通过墙绘将"二十四孝"等中国传统文化形象展现在乡村中，让民众更容易理解，其中所蕴含的意义也潜移默化地进入民众心中，进入参与绘制的学生心中。这样的活动不仅美化乡村环境，更美化了人们的心灵，我想这或许是墙绘活动对"美丽中国"更深的一层意义。

随陆国斌老师参加的这几次墙绘活动，使我深刻地理解到了其中的意义，使我更加喜欢上了墙绘这项活动，我希望日后可以随陆国斌老师参加更多这样的活动，更加深化我内心对社会主义核心价值观的理解，使自己的内心更成熟，早日成为"美丽中国"的中坚力量。

墙绘对于美丽中国建设的意义

鲁迅美术学院人文学院2017级本科生　于晨雪

"美丽中国"，党的十八大报告首次专章论述生态文明，首次提出"推进绿色发展、循环发展、低碳发展"和"建设美丽中国"。面对资源约束趋紧、环境污染严重、生态系统退化的严峻形势，必须树立尊重自然、顺应自然、保护自然的生态文明理念，把生态文明建设放在突出地位，融入经济建设、政治建设、文化建设、社会建设各方面和全过程，努力建设"美丽中国"，实现中华民族永续发展。

墙绘工艺是专业画师手工绘制，本身自带艺术性。而且墙绘不拘于限定尺寸，可根据墙面规格和要求任意绘制已达到最好效果。这些是广告喷绘等其他载体无法比拟的。墙绘多年来能得以发展和在各种空间中大量运用，就是因其强大的视觉装饰性特点。普普通通的墙用墙绘可以变成一道吸睛的风景，可以让一条街道成为一条风景线，成为美丽乡村的点睛之笔。在一村一品，打造特色美丽乡村，乡村振兴战略的背景下，生态旅游村、民俗文化墙村等特色乡村脱颖而出。在这些特色美丽乡村中，墙绘能起到很好的环境氛围营造及深化主题的作用。这两年也出现了不少以墙绘为主题打造特色壁画村、3D立体画村，以壁画带动乡村旅游业，一些设计新颖的网红墙绘也出现在美丽乡村建设中。农村文化墙它不仅是农村的一道文化风景；是在广大农村地区宣传党的方针政策、传播文明新风、传递正能量，传播精神文明的重要载体；也是农村精神文明建设的重要窗口；是农民陶冶情操，净化心灵，增长知识的一大平台。

墙绘文化的融入，可以起到发扬社会主义新风尚的作用。时尚多元化，美丽现代化。农村文化墙一般的画面内容都以道德规范，科学知识，文化修养，行为操守，与时俱进，民间文化等为主题。农村文化墙看似简单，但是在整体设计创意上需要完整、系统地规划。如果面积大就需要很多主题，其中每个主题都要有连贯性。墙绘文化使村庄变得个性化，不再是千篇一律，而是各具特色。有利于发展旅游新农村，以及改善农村环境，把外来文化和先进的思想带入农村，迅速地提高了农民的文化水平。墙绘的艺术价值和实用功能可以体现在很多方面。借用墙体墙绘，美化环境，传播文化，把宣传文化与美结合起来，成为美丽乡村欣赏的风景线。墙绘以一种特殊的宣传方式，加深我们建设美丽中国的概念，既美丽了丰富了城镇乡村，又让更多的人重视起美丽中国建设的重要性。

墙绘——中国梦

鲁迅美术学院人文学院2017级本科生　辛秀林

说起中国梦，是远的，远得像一弯苍穹，要全国人民自强不息努着劲儿才能实现；说陆国斌老师，是近的，老师任教我们美术史论系的绘画课，执意坚持要我们与绘画专业一般，要"走出去"，要"看得远"。

于是，在一个莺飞草长的五月，陆国斌老师带着我们二十几个同学，浩浩荡荡地回到陆国斌老师的家乡——那片淳朴原生的土地——锦州义县。若你去看，黄土路旁是黄高山，绿树满目，天蓝得纯粹；当你站在那一方天高地阔中，风卷起的黄沙会脏，可心会在黄沙中心变得空荡又干净，要你稍一品，便明白，一方水土养一方人，陆国斌老师身上的淳朴与宽厚，前者来自扎实的黄土地，支撑着老师坚实有力的每一个脚步；后者仿佛一片天一缩再缩简化成陆国斌老师的脊梁，顶天立地；而这一草一木都深深地印在老师的脑海里、心里，最后落到画纸上，无声地传承着。

与之同样传承的，是雷锋，与雷锋精神。听太多显得俗了，偏偏前仆后继，有人甘愿入俗。陆国斌老师便是这个"俗人"中的翘楚。老师在讲座上讲，《雷锋手册》是自己儿时临摹的样本。我听得免不了暗暗点头，一是此事确确实实符合陆国斌老师一派作风，二是因赞同而自愿接受的教育的确能给人更多更大的影响。

他早年便开始资助贫困的老乡，大概不是出于什么"能力越大责任越大"的思想，只是朴实无华的甘愿在别人有难时拉一把，无论在经济还是其他方面。后来，闻声寻求资助的人多了，老师也资助起人来，也越发轻车熟路：在给我们上第一节课的时候，老师告诉我们，不要不好意思，有困难，私下说，老师能帮的，都会帮。与老师接触久了，才品出来，那不是什么客套话。陆国斌老师的休息日是带领学生去养老院义务画墙画、自费探望孤寡老人；老师的旅游是到全国各地，自费画一画墙画，再结交一些志同道合的公益伙伴；陆国斌老师的写生基地一角，是自费帮助家乡穷苦人家将风雨中飘摇的危房翻新成了漂亮的三房小院，唯一的回报是偶尔可以在院儿里支起画架，画上几幅画。老师初见时的短短几句叮嘱，是出于一位曾寒窗苦读的老教授，一位资助了二百余名学生和不计其数的孤寡老人的善心人，对于美术的未来、对于祖国的未来，含辛茹苦的一番谆谆教诲与以身作则。是雷锋精神吗？是，也不是。是就在舍己为人，否认也就在，陆国斌老师更鲜活地将雷锋精神实体化，身体力行地展示着当代雷锋应有的风貌，更打动每一个与之接触的人，再潜移默化地将这份人间大美渗透给我们。

韩愈讲："师者，所以传道受业解惑也。"上文洋洋洒洒八百字谈为人师者的陆国斌老师"先正其身"，而这不足以让人忽略陆国斌老师在自身领域取得了多么优秀的成果：他自创戏称为"大逆不道"的西方油画与传统水墨结合作画法，陆国斌老师的《冰壶秋月》便是这样一幅作品，也是我最喜欢的一件陆国斌老师的作品，秋收的暖金色，与四平八稳的构图，构成了我未尝会面的义县的秋。而这只是我读陆国斌老师的冰山一角，数次的大规模美展入选与获奖，个人展览与自费制作的教学资料。《礼记》曰："师也者，教之以事而喻诸德也。"陆国斌老师，我们常这样不失敬意又亲近地称呼他。论老师这个词，注定不平凡的陆国斌老师，是担得起的。

毛主席曾经说过："世界是你们的，也是我们的，但归根结底是你们的，你们年轻人朝气蓬勃，好像早晨八、九点钟的太阳。希望寄托在你们身上。"于我来看，道路多明确，前人如陆国斌老师早已稳扎稳打走远了：做好分内团员大学生之事，正视使用新生代团员的规范带头作用，积极再积极，进取更进取。从小事，从点滴，回报社会，肩负起中国梦的伟大复兴。

弘扬和践行新时代雷锋精神

鲁迅美术学院人文学院2017级本科生　蔡一舟

在我院，美术史论系的陆国斌老师一直是传承雷锋精神的代表，三十多年来坚持公益实践，是当今真正用精神和行动学习雷锋精神的实例。陆国斌老师深刻而炙热的雷锋情节源自其自幼受到的影响和教育，儿时绘着雷锋事迹的小人书启蒙了他的艺术梦想，雷锋那舍己为人、无私奉献的英雄事迹也深深震撼感染着他。此外，陆国斌老师的母亲孝顺老人，将"做人，要懂得感恩"的理念身体力行地传授给陆国斌老师。

工作后，陆国斌老师也一直心系家乡，用艺术回报家乡，同时也不忘其身为我院老师的身份，关心爱护有困难的学生，用实际行动践行着雷锋精神，这也使许多青年学生深受影响，无形之中雷锋精神在我院青年学生中传承和践行。

这些年来，陆国斌老师在各地义务画墙绘达2万多平方米，这无疑是个惊人的数字，难以凭借一己之力完成。多亏了很多愿意跟随老师学雷锋，做好事的学生，跟随着老师一起奔走各处，去完成这项庞大的工作。陆国斌老师组织学生开展的画墙画美化乡村活动，义务打造北镇罗堡镇、义县保林村文化采风写生基地，先后在新立农场、张巴村、康屯村等地义务画墙画，同时献上爱心开展扶贫助学活动。参与的学生们不仅发挥了自身身为美院学生的优势，还体会到了各地的风情，获得了许多绘画创作的素材和灵感。此外，酷暑和寒冬里的经历也锻炼了学生的品质，使大家获得了难得的历练，增强了自身的意志力，也感受到了雷锋精神的实质所在：全心全意为人民服务。

墙绘过程中学生见证了老一辈勤奋刻苦、吃苦耐劳的优良品质，也被陆国斌老师舍己为人的精神震撼到，真真正正在现实中看见了雷锋精神在人、事上的体现。雷锋精神对于我们学生来说不再是遥隔几十年的虚幻口号，是结合自身优势和能力，一点一滴为他人奉献的实际行动，新时代的雷锋精神开始在青年学生间弘扬和践行。

2017年，陆国斌老师以带领学生到抚顺雷锋纪念馆参观为契机，成立了"雷锋班"。2018年，由辽宁省宣传部提名，郭明义亲自为陆国斌老师的"雷锋班"授旗，成立了"郭明义爱心团队—鲁美陆国斌老师爱心分队"。我们相信，在当下，以及未来，陆国斌老师会一直带领着"郭明义爱心团队—鲁美陆国斌老师爱心分队"奔走在学习雷锋和志愿服务的一线。自此陆国斌老师的队伍有了正式的组织和称号，我们相信我系的学生会一批接着一批地投入这个队伍中，继续传承和践行新时代的雷锋精神。

美丽中国　魅力墙绘

鲁迅美术学院人文学院2018级本科生　杨杉彤

　　党的十八大以来，习近平总书记倡导要建设美丽乡村，强调农村是我国传统文明的发源地，农村不能成为荒芜的农村、留守的农村。"美丽中国"是中国共产党第十八次全国代表大会提出的概念，强调把生态文明建设放在突出地位，融入经济建设、政治建设、文化建设、社会建设各方面和全过程，努力建设"美丽中国"，实现中华民族永续发展。而当艺术墙绘遇上了乡村，经过岁月沉淀的村落，因为艺术墙绘的魅力，焕发又一轮青春的色彩！

　　鲁迅美术学院美术史论系的老师和同学共同在美丽乡村里留下了一面面艺术彩绘墙，为村庄换了美丽而震撼的"衣裳"，新农村的墙绘内容多以居民喜闻乐见、通俗易懂的农家画为主要内容，和谐建设、文明礼貌、勤劳致富为主要核心思想，神仙神话、青绿山水、民间传说、花鸟虫鱼、乡村记忆等题材纷纷进驻了农村文化墙，穿插其中，成为美丽乡村建设一道亮丽的风景线。民间墙绘大多都直观易懂、寓教于乐，起到了良好的宣传教育效果，使整个村庄文化与现代艺术有机地结合在了一起，共同展示着农村的新生活、新气象、新风貌，进一步美化农村环境的同时也让广大人民群众共同来欣赏艺术墙绘，增强对艺术文化的了解，同时也激起了村民们共同建设美丽乡村的热情！如今，中国共产党总书记习近平在常委见面会上的讲话中提到："我们的人民热爱生活，期盼有更好的教育、更稳定的工作、更满意的收入、更可靠的社会保障、更高水平的医疗卫生服务、更舒适的居住条件、更优美的环境，期盼着孩子们能成长得更好、工作得更好、生活得更好，人民对美好生活的向往，就是我们的奋斗目标。"

　　在晨光熹微时，陆国斌老师就带领着同学们拿好画笔工具，大家分散于偌大的乡村里，各自分工、有条不紊地进行喷涂、描边、上色，在雪白的墙上一点一捺一撇地勾画着乡村的美好，认真而勤恳，沐浴着金灿灿的日光浑身暖洋洋的，没有丝毫懈怠。当太阳西下，村民们扛着农具回家时看见老师和同学们正在进行艺术创作，许多村民们都停下了脚步，他们指着墙面上鲜亮生动的画面显得十分激动，他们用最质朴的言语述说着心底最柔软的情感："太好看了，树是绿的，天是蓝的！真是温馨的新农村！"大家都露出了欣喜笑容，纷纷竖起了大拇指，只有村民喜欢的、贴近生活的画面，才是真正的人民的好墙绘。正是这些有意义的、画面生动而富有魅力的墙绘，掩盖了无序的涂鸦、粗陋简单的广告喷绘，融入了雅俗共赏的艺术，走向生态文明新时代。建设"美丽中国"，是实现中华民族伟大复兴的"中国梦"的重要内容，将乡村文化有活力的注入了艺术之中，真正成为美化生活环境、装饰城市乡村的靓丽风景线。

"伟大梦想不是等得来、喊得来的，而是拼出来、干出来的。"习近平总书记在庆祝改革开放 40 周年大会上的讲话中，在深刻总结改革开放伟大成就和宝贵经验的基础上，得出的这一个重要的结论，蕴涵着朴素的哲理和深厚的实践智慧，含义隽永，耐人寻味，启迪深远。我们从充满魅力的墙绘入手，准确把握建设美丽中国的根本要求，以小见大，一点一滴为建设"美丽中国"不断努力着。

跟随陆国斌老师乡村墙画雷锋活动感想

鲁迅美术学院人文学院2018级本科生　张亚抒

无论是高楼林立、繁华喧闹的都市还是淳朴自然、偏远静谧的农家小院，人们对于美的追求似乎都在闪光，乡村虽然没有城市中高级的美术馆和艺术馆，但是村民们对着完成的美丽乡村墙画笑得露出白白的牙齿，从中可以窥见他们的喜乐。那是一种与众不同的视觉冲击，带给村民幸福感的大家也露出了微笑。我从没见过那样布满繁星的夜空，天很黑如墨一般，似乎是真正的黑夜，与城市的万家灯火是完全不同的，纯净的黑夜没有任何灯光的渲染，那时的时光永远定格在我们的瞳孔中。陆国斌老师带着我们在凌晨抵达，在农家炕上面休息后第二天早早开始了墙画工作，阿姨为我们准备了饭菜，感觉真的像是一家人一样，大家天南海北在此相遇，何尝不是一种缘分呢，这段记忆随着相处给我们留下了深深的印记。

艺术源于生活，服务于生活，陆国斌老师根据乡村实际需要敲定使用的图像。墙画内容主要由公益动漫，山水花鸟装饰画，福字和一些富有寓意的对联标语构成，不仅增添了乡村土墙的美感，尊老爱幼、注意体检等爱心标语以可爱生动的动漫表现出来，一定程度上也促进了传统美德和法律常识的普及，使墙画有更深刻的意义和作用。陆国斌老师开车带我们在颠簸的土路上行驶，从未发现老师的倦意和疲惫，老师与大家谈笑风生，起得比我们早，完工得比我们晚，如同朋友一般与同学交谈关怀学生。这是一段特别的记忆，在夜晚拉着电线和投影设备，挨家挨户地绘制福字，找农户借电，男生们爬高上梯，打虫子踩牛粪，在欢声笑语中度过不眠之夜。晚上睡在热热的炕上，已然感受不到寒风的凛冽，更多的是深切的师生情和同学情似暖流入心坎，无论是陆国斌老师，韩姐还是师兄师姐都给予了我们最大的关心和照顾，使我对于"帮助别人，快乐自己"这句话也有了更加切实的体会。

五一跟随陆国斌老师的雷锋团活动也成为大一下学期给我留下最特别体会的活动。牛养殖户们对于能否把自家福字画的更大些的请求，可以看出乡村中人们对于美好生活的向往的愿景。在墙画过程中画到高处，村民们都非常热心的帮助我们，给我们找来一些树桩，砖块使我们的工作可以更加顺利地进行。行走在锦州义县的村庄的路上，人很少，多见一些牛马用于拉货使用，看着初来时的白墙慢慢地变得色彩丰富，一种成就感油然而生，陆国斌老师这么久以来对于乡村的贡献带给他们不仅是文化环境的提升，更是内心的幸福感的提升。文化扶贫进乡村，陆国斌老师身体力行的付出带给村民们的是发自内心的感动和由衷的感谢。

时间过得很快，短短几天时间的相处让我们体会到了老师的努力和付出，赤诚之心在陆国斌老师团队中体现得淋漓尽致，尽心尽力为乡村发展做出贡献，为村庄文化生活的发展想办法，做贡献。雷锋精神是我们应该一直秉承的，同时我也非常感谢陆国斌老师给予我参与这次活动的机会，是一次非常特别的经历，让我学习到了绘制墙画的技巧和许多人生经验，活动结束后陆国斌老师连夜开车将我们送回学校，让我们回去休息，他还要去做其他的工作，非常非常辛苦。我也会向陆国斌老师学习，在生活中尽我所能去帮助别人，将雷锋精神和爱心传递下去，做一个善良并且乐于助人的人。

魅力墙绘　美丽乡村

鲁迅美术学院人文学院2018级本科生　臧海鑫

在过去的一年中，我非常荣幸地参与了三次墙绘活动。我清楚地记得第一次随陆国斌老师进行墙绘是4月28日，虽然我的第一次墙绘仅在短短一天的时间，但是令我印象深刻。

那天九点从学校出发，到达目的地已是中午。我本以为大家应该开始吃饭了，不曾想，下车后的第一个画面就令我十分震惊。墙绘现场没有一个人在吃饭休息，陆国斌老师带着大家一刻不停地绘制墙画，近百米的道路上是一个个奋斗着的身影，他们手中的笔不停地挥动，一幅幅美丽的画面不断地呈现出来，本来黯淡无光的墙面瞬间变得活跃起来，整个街道也都换了个模样，上面有诗有画，充满了生气，与其他还没绘制的街道形成了鲜明的对比。这也是我第一次感受到墙绘的魅力。由于我是第一次进行墙绘，一些复杂的画面绘制我还无法参与，所以那天陆国斌老师只让我进行墙面粉刷的工作，在我粉刷的同时，陆国斌老师还时不时地把我叫过去，耐心的教导我如何绘制墙画，感受墙画独有的性质。即使当天的工作量很大，时间很赶，但陆国斌老师却十分耐心地教我，将我出现的问题一一指正，让我收益颇丰。

一天下来虽然很累，但却快乐着。我记着当时风特别大，大家站都站不稳，笔被吹得不受控制，颜料也有好多被吹倒，撒了一地。陆国斌老师准备往墙上题字，为了题出一笔好字，就必须有一个人挡风，保证笔受控制。因为是第一次来画墙画，所以在当天的那些人中，我的工作量是最小的，我的体力也是最充沛的。于是我自告奋勇，要做挡风第一人。可是还没到陆国斌老师跟前，突然一阵强风，我居然被吹翻在地，一百二十多斤的汉子就这么被吹倒了，当时大家就笑得合不拢嘴了。陆国斌老师也开玩笑道："挡风能行吗？别让风吹跑了。"虽然当时有一些尴尬，但现在想来真是太有趣了。

第一次的墙绘给我留下了深刻的回忆。但最轰轰烈烈的还得当属劳动节的那次墙绘。这次陆国斌老师让我叫了四个同学，三十日晚上我们便出发了，坐着绿皮火车前往了锦州。等到达目的地已是凌晨两点。那是我第一次看到这么美的星空，漫天的星星，一闪一闪的，那个场景美到我无法用语言来描述我当时的感受。陆国斌老师将我们安排在老乡的家里，进了屋子却未见陆国斌老师等人的身影，向老乡问起才得知陆国斌老师他们匆匆对付了几口晚饭便又去画墙画了。屋外一片漆黑，伸手不见五指，我难以想象陆国斌老师是如何在这样的情况下进行绘制。本想出去找陆国斌老师，了解一下这次的墙绘情况，但老乡却心疼我们舟车劳顿便催促我们睡下了。我只迷迷糊糊记得睡着后我听到一阵嘈杂，我看了一眼时间，应该是凌晨四点左右。

第二天，我们被陆国斌老师叫醒，已是八点多了。陆国斌老师慈祥地笑道："睡得比我早还起得比我晚，年轻得有活力啊！抓紧时间洗漱吃饭，该开工了。"我们满怀期待，心情激动，草草吃了几口便随陆国斌老师前往了这次墙绘的场地。这次的墙绘规模与绘画难度都是第一次所不能比拟的。墙面上只完成了一半的作品，地上堆满的颜料，盒子里插着的水粉笔，这里的一切都让我们跃跃欲试。陆国斌老师给我们每个人都安排了不同的任务，有的贴胶带，有的刷墙面，有的写福字，还有的描字体，大家忙得不亦乐乎。时不时还会围上来一群老乡评一评我们的成果，听着乡亲们连连叫好，大家心里都开心得不得了，干劲也更充足。

晚饭后，大家都累得瘫坐在椅子上，聊着一天的工作与收获，到了八点大家实在累得都快睁不开眼睛了，互相看了看，点了点头，打算早点休息。大家刚散开，陆国斌老师就推开门走了进来，说道："今晚该你们了，收拾收拾，准备出发。"那一刻，大家的心里有如晴天霹雳，想想昨晚陆国斌老师返回的时间，已经疲惫不堪的大家心里都有一丝崩溃。但既然选择了来画墙画，大家便不想放弃，不想让其他人觉得我们吃不了苦。大家打起了精神，拿起工具，随陆国斌老师开始了晚上的工作。

乡下的夜晚不像城市的样子，四周一片漆黑，才九点钟，路上除了我们之外，就没有了任何人气，荒草丛生、树林茂密，有时背后吹来一阵风大家都会浑身不自在，直冒冷汗。不得不说，乡下的夜晚寂静得有些吓人。

到了目的地，是一些完全没动过的白墙，陆国斌老师从我们抱了一路的箱子中取出投影仪，经过一翻调试，投影仪在白墙上投出了福字、扇形、文字等图案。正当我们疑惑时，陆国斌老师揭开了我们今晚的任务——起稿。原来昨晚陆国斌老师他们是进行了起稿的工作，怪不得白天的墙面上都已经有了稿子。由于很多墙面下有老乡堆放的工具、草垛等，绘制时磕磕碰碰是避免不了的，所以男生来负责描稿，女生就负责稳定住投影仪和提供铅笔。经过一晚上的奋斗，大家齐心协力完成了指定的工作量，等回到了老乡家中已是凌晨两点多。我借着上厕所，在门外坐了一会，想了想一天的工作，虽然很累但是却十分快乐。比如有老乡看我们穿的军大衣，身上全是颜料，以为我们是老师们雇来干活的，大家听完便笑得合不拢嘴，互相说笑着，想想就十分开心。我又看了看那漫天的星辰，觉得这寂静的夜显得没那么孤独，它们一闪一闪的像朋友一样陪着我，渐渐地我发现我喜欢上了这乡下的夜，更感谢陆国斌老师给了我一次这样的体验。

第二天醒来，大家如往常一样，有条不紊地进行着自己手头的工作，将昨晚的稿子变成一幅完整的作品，到了下午，整条街道的墙绘都进入了收尾工作，大家也能休息一下，在阴凉地里躺一躺，聊聊天，能看出来大家都渐渐适应并喜欢上了墙绘活动。

初定为期三天的墙绘已经过半，大家也进入了状态，但陆国斌老师却向我们提出了自己的担忧：如果我们五月三日随大部队一起返校的话，五月四日凌晨才能到学校，八点就要开始上课，对我们当天的课程将会有很大的影响，所以陆国斌老师经过深思熟虑后决定五月二日当晚便让我们先行返校，回校休息一天，养足精神上课。那一刻我们感受到了陆国斌老师的周到和关心，刚入五月的锦州，夜晚还有一丝凉意，而我们的心却十分的温暖。于是大家听从陆国斌老师的建议，当晚十二点便踏上了返程的道路，也果真如陆国斌老师所言，早上五点我们才到学校，如果当时是五月四日五点的话，那我们当天的课将是毫无效率的。进入校园后大家一哄而散，奔向各自的寝室，说实话大家累坏了，陆国斌老师肯定也累坏了，我们可以回寝休息了，但陆国斌老师此时仍在进行着墙绘，想到这我的心中顿生敬意。

这场墙绘对于我来说是美妙而深刻的回忆，那几天过的无比的充实，当时一起去的同学经常聚在一起谈论起这场墙绘，除了快乐的回忆外，大家对那几天的劳累也是记忆犹新，可我们也会感叹：才两天就把我们累成这样，陆国斌老师一年要经历多少个这样的两天啊。而且陆国斌老师做什么总是冲在最前面，睡得最晚，起得最早，总想着自己多画两笔孩子们就能少累一会，有时候我们都跟不上陆国斌老师的步伐，一点都感觉不出年龄带给他的限制。

陆国斌老师虽然表面上很严厉，对我们出错的地方会严加批评，但其实他内心是很温柔，很有耐心的，他总是手把手地教我们如何绘制墙画，出现问题如何解决，只要有问题找到他，他都会立刻过来教我们如何处理。比如涂的不匀、颜料流淌等问题，老师都一一给我们讲解，从不嫌麻烦。

我们也在陆国斌老师这里得到了极大的鼓励，他总会说："年轻人放开干，别画个画畏手畏脚的，画不好有老师给你们收尾呢，大胆画，画多了就会了。"就像在锦州画墙画时，陆国斌老师觉得应该雅俗共赏，老少皆宜一些，便提议要画一只动画版的牛，我自告奋勇说要画一只大角牛，陆国斌老师看了看还没独立完成过墙面形象绘制的我，摆了摆手，说道："整吧！"那一刻我感受到鼓励和信任，还好最终也没辜负众望。

陆国斌老师对学生的关心也是无微不至，总能细心地观察到每个学生身体状况的变化，并且考虑得也很周到，能考虑到很长远的一些事情。就像陆国斌老师经常让大家跟着阴凉地画画，这样不会中暑。还有陆国斌老师考虑我们返校上课的问题，无处不体现出陆国斌老师对我们的关心与爱护。

在随陆国斌老师参加的墙绘过程中，点点滴滴都能感受的陆国斌老师作为一名老师的责任感和对学生的关爱。我非常高兴能随陆国斌老师参加这么多次墙绘，也非常感谢陆国斌老师给予了我这么多的机会，作为您的学生我倍感荣幸，是您身上那无处不在的雷锋精神不断感染着我、教育着我，让我真切地感受到将一生奉献给社会，奉献给人民是无限光荣的，一路跟随着您参加"美丽乡村"墙绘活动，我收获了许多，见识了许多，您为我打开了一扇新世界的大门，让我的大学生活有了目标，有了方向。

感谢您！我亲爱的陆国斌老师！您使我感受到墙绘独有的魅力，看着那一面面白墙变得缤纷多彩，一条条毫无生机的街道变得活力十足，更感受到了墙绘对"美丽中国"的重要作用。我希望日后可以随您参加更多这样服务人民、报答社会的活动，将鲁艺精神和雷锋精神发扬到更远的地方。并且作为您的学生我更希望您多注意自己的身体，即使工作量再大也不要再压榨自己的睡眠和休息时间了，身体才是革命的本钱，您身体健康才能带领着我们走得更远，为社会做更多的贡献。

谢谢您！陆国斌老师！我一定不断向您学习，向雷锋精神学习，尽可能地为社会做贡献，服务社会，服务人民，再一次感谢您给予了我这么多的机会，带领我参加这么多次墙绘，学生也由衷地祝您身体健康，万事如意！

附　录

附录一　陆国斌老师在各地所绘墙绘信息及作品

以下为2015年~2019年间义务绘制的墙绘。

（1）2015年9月为辽宁省北镇市新立农场绘制3000平方米。

（2）2019年10月为辽宁省北镇市新立幼儿园绘制310平方米。

（3）2016年8月为辽宁省北镇市罗罗堡镇张巴村绘制300平方米。

（4）2016年10月为辽宁省北镇罗罗堡镇康屯村3500平方米。

（5）2017年4月为辽宁省北镇市鲍家镇窑上村绘制270平方米。

（6）2017年4月为辽宁省北镇市鲍家镇元角村绘制320平方米。

（7）2017年6~8月辽宁省义县宝林村绘制4200平方米。

（8）2017年8月为辽宁省锦州市东湖公园绘制770平方米。

（9）2017年9月为辽宁省锦州市滨海新区幼儿园绘制200平方米。

（10）2017年9月为辽宁省锦州市演法寺绘制800平方米。

（11）2018年5月为辽宁省朝阳县二十家子镇区域养老院绘制700平方米。

（12）2018年5月为辽宁省沈阳市皇姑区泰北社区550平方米。

（13）2018年6月为辽宁省沈阳市东陵区营城子街道福星托老院绘制200平方米。

（14）2018年6月为辽宁省沈阳市皇姑区新南社区绘制710平方米。

（15）2018年8月为辽宁省朝阳县二十家子镇刘杖子村绘制1300平方米。

（16）2018年8月为辽宁省朝阳县羊山镇文化站绘制500平方米。

（17）2019年5月为辽宁省义县桑土营子村绘制3300平方米。

（18）2019年5~10月为辽宁省沈阳市辽中区冷子堡镇金山堡村绘制4200平方米。

（19）2019年5月为辽宁义县大定堡镇绘制805平方米。

（20）2019年5月为辽宁省抚顺市新宾县响水河乡围子村绘制4106平方米。

（21）2019年6月为辽宁省抚顺市天女山度假村760平方米。

（22）2019年6月为辽宁省阜新市阜蒙县清河村绘制505平方米。

（23）2019年6月为辽宁省葫芦岛市缸窑岭镇松闫村绘制1306平方米。

（24）2019年7月为辽宁省抚顺新宾响水河子乡绘制3800平方米。

（25）2019年7月为辽宁省沈阳市东陵区望花街道闫家村绘制1762平方米。

（26）2019年8月为辽宁省朝阳县羊山镇东升村绘制4200平方米。

（27）2019年8月为辽宁省建昌县贺杖子乡绘制370平方米。

（28）2019年9月为辽宁省葫芦岛市缸窑岭镇兴达学校绘制4100平方米。

（29）2019年9月为辽宁省灯塔市大河南镇前二台子村绘制600平方米。

（30）2019年10月为辽宁省朝阳县羊山镇陈美营子村570平方米。

（31）2019年10月为辽宁省朝阳县羊山徐杖子村660平方米。

（32）2019年10月为辽宁省阜新市蒙古族自治县蜘蛛山镇艾林皋村绘制420平方米。

（33）2019年10月为辽宁省葫芦岛市博缘酒业绘制1000平方米。

（34）2019年10月为辽宁省葫芦岛市建昌县贺杖子乡火石山村绘制319平方米。

（35）2019年11月为辽宁省沈阳市康平县柳树屯镇1200绘制平方米。

以上共计51613平方米。

一、2015年9月为辽宁省北镇市新立农场绘制的墙绘（图1~图4）

图1《美农场图》

图2《社会主义核心价值观》

图3《大美农场》

图4《美湿地图》

二、2016年8月为辽宁省北镇市罗罗堡镇绘制的墙绘（图5~图7）

图5 《扼虎救父》

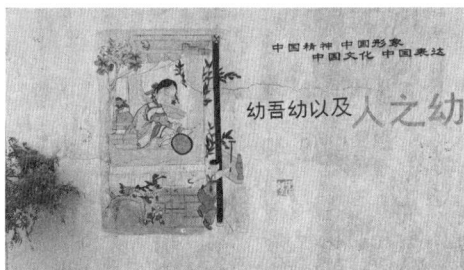

图6 《幼吾幼以及人之幼》

图7 《孝道》

三、2017年4月为辽宁省北镇市鲍家镇窑上村绘制墙绘（图8，图9）

图8 《李白》

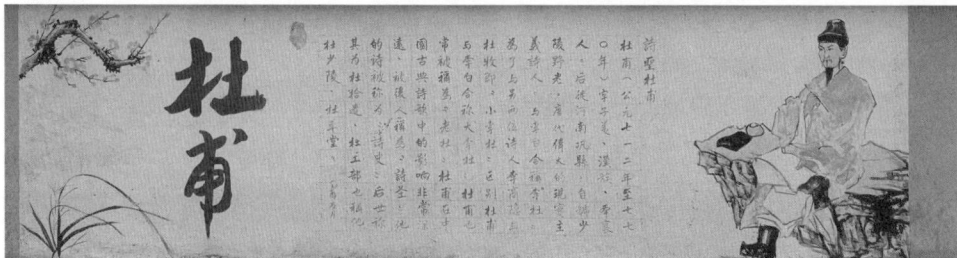

图9 《杜甫》

四、2017年6~8月辽宁省义县宝林村绘制（图10~图18）

图10 《大禹》

图11 《历史人物》

图12 《宝林秋宝》

图 13 《宝林胜境》

图 14 《墨子》

图 15 《传承文化》

图 16 《牡丹》

图 17 《培养公民社会公德心，
争做和谐社会文明人》

图 18 《社会主义核心价值观》

五、2018年5月为辽宁省朝阳县二十家子镇区域养老院绘制墙绘（图19，图20）

图 19 《淡泊明志》

图 20 《新二十四孝》

六、2018年8月为辽宁省朝阳县二十家子镇刘杖子村绘制墙绘（图21~图24）

图 21 《社会主义核心价值观》

图 22 《弘扬鲁艺精神》

图 23 《上善若水》

图 24 《百善孝为先》

七、2018年8月为辽宁省朝阳县羊山镇文化站绘制墙绘(图25,图26)

图25 《在希望的田野上》

图26 《社会主义核心价值观》-

八、2019年5月为辽宁省义县桑土营子村绘制墙绘(图27~图30)

图27 《花鸟》

图28 《兰花》

图29 《文化扶贫进乡村》

图30 《花鸟》

附录二 "千村美丽，万村整洁"——文化艺术进乡村暑期"三下乡"社会实践项目报告

根据学院团委对暑期大学生社会实践的要求，在人文学院领导的高度重视下，人文学院做了充分的准备、发动和组织工作，在佟晓杰书记、陆国斌老师、胡晓霞老师和张瑜老师的指导和带领下，人文学院学雷锋爱心团队在2019年暑期开展了"千村美丽，万村整洁"之文化艺术进乡村暑期"三下乡"社会实践活动，发挥专业优势，义务绘制墙画，坚持"受教育、长才干、作贡献"的宗旨，坚持社会实践与社会观察、志愿服务、专业学习有机结合，从而确保了各项社会实践内容的落实与展开，效果显著，收获颇丰。

一、社会实践小分队

（1）分队名称：人文学院学雷锋爱心团队。

（2）所属院系：鲁迅美术学院人文学院。

（3）实践时间：2019年7月。

（4）实践目的：发挥专业优势，为推进农村精神文明建设贡献微薄之力，充分发挥社会实践在第二课堂中的优势作用，弘扬社会主义核心价值观，传递正能量，培养学生树立正确的三观。

（5）带队老师：佟晓杰书记、陆国斌老师、胡晓霞老师、张瑜老师。

（6）分队成员：李程、韩任宁、于沛鑫、臧海鑫、钟瑶等鲁迅美术学院人文学院学雷锋爱心团队部分成员。

（7）实践地点：辽宁省沈阳市辽中区冷子堡镇金山堡村，辽宁省沈阳市浑南区望滨乡闫家村（图1）。

图1　鲁迅美术学院人文学院在辽宁省沈阳市浑南区望滨乡闫家村
绘制墙绘后的合影

二、实践过程

本次社会实践分为两部分：前往沈阳市辽中区冷子堡镇金山堡村开展"传承鲁艺精神，与陆国斌老师同行"主题教育活动，观摩学习全国岗位学雷锋标兵陆国斌老师带领团队绘制的墙画，对村中贫困户进行慰问，学习陆国斌老师精神；在此耳濡目染下，我们又去了沈阳市浑南区望滨乡闫家村开展了"千村美丽，万村整洁"之文化艺术进乡村活动，进行墙画绘制，发挥专业特长，着手于暑期实践活动，做到了理论与实践的结合，具体如下：

1. 开展"传承鲁艺精神，与陆国斌老师同行"主题教育活动

2019年暑期，人文学院来到沈阳市辽中区冷子堡镇金山堡村开展"传承鲁艺精神，与陆国斌老师同行"主题教育活动。参观了由全国岗位学雷锋标兵、鲁

迅美术学院陆国斌老师带领团队，花了半个月的时间精心创作的，总长约一公里，绘画面积近2000平方米的主题墙画。这些画作内容丰富，既有对社会主义核心价值观的宣传，也有对国学、二十四孝以及传统文化等内容的展示。在参观过程中，陆国斌老师结合墙画的内容为大家上了一堂生动的思想政治教育课，包括社会主义核心价值观、雷锋精神等内容，同时介绍了墙画的创作过程。人文学院的师生也纷纷表示要以陆国斌老师为榜样，向陆国斌老师学习，跟随陆国斌老师发挥专业优势，为建设美丽乡村贡献微薄之力，将鲁艺精神传承下去（图2~图6）。

图2　陆国斌老师为师生讲授雷锋精神的内涵以及墙画的创作过程

图3　陆国斌老师师生讲授社会主义核心价值观的内涵以及墙画的创作过程

图4　《不忘初心　牢记使命》

图5　《核心价值观》

图6　《文明》

2. "千村美丽，万村整洁"之文化艺术进乡村活动

2019年暑期，我们集体前往浑南区望滨乡闫家村，为当地义务绘制墙画。活动中，大家全员参与绘制墙画，无论是书记，老师，还是学生，师生们发挥专长，协调合作，在调制好颜料后，一人一支笔，一人一桶颜料，开始着手于墙面的绘制。墙画内容丰富，既有社会主义核心价值观的宣传，也有国学、新二十四孝等传统文化的展示，为了结合当地风土人情，还添加了一些满族文化符号，与当地的建筑融为一体（图7～图12）。

图7　团队成员合影

图8　成员合影

图9　陆国斌老师指导学生作画

图10　绘制墙画过程

图11　绘制墙画过程

图12　绘制墙画过程

转眼到了中午，艳阳高照大家吃完盒饭后不敢懈怠，继续投入到了绘制墙画的"战斗"中，挥洒的汗水融入颜料之中，描绘出的是鲁艺人的热情。大家分工合作，陆国斌老师负责造型，写字好的同学，负责墙面上的彩色字，绘画功底较好的同学负责绘画，其他同学负责涂色绘制，井井有条。仅用了一天的时间就完成了大面积墙画的绘制，形成了一道靓丽的风景线。当地的居民见到后，无一不拍手称赞，这是对在场师生的付出给予的最好肯定，汗水是交换心灵温暖的筹码，我们收获颇丰，返程时虽然大家在车里都疲惫地睡了，但是依稀能看到他们脸庞的笑容。

活动中陆国斌老师教授接受了辽宁电视台和沈阳日报记者的采访，陆国斌老师在采访中提到，我希望能带领我的学生发挥专业特长，一起用我们的画笔，一方面弘扬社会主义核心价值观，另一方面宣传国学、新二十四孝以及当地的风土人情。希望通过我们的活动为建设美丽乡村贡献微薄之力。

三、成效

此次"千村美丽，万村整洁"文化艺术进乡村暑期"三下乡"社会实践活动，无论是对老师还是同学们来说，都是一次受益匪浅的人生经历。此次活动也是学习陆国斌老师先进事迹的一次实践延伸。通过开展"传承鲁艺精神，与陆国斌老师同行"主题教育活动，师生们获得了精神上的升华，在参与绘制墙画时，充分发挥社会实践在第二课堂中的优势作用，弘扬社会主义核心价值观，传递正能量，师生们在实践中不断改造着自己的世界观，不断重新认识自我、充实自我、挑战自我、完善自我。此次活动也让同学们充分发挥自身的专业特长，为建设社会主义新农村贡献出微薄之力，同学们在劳动中收获到了快乐，同时让大家学会珍惜自己所拥有的一切，不抱怨，不退缩，乐观向前。此次暑期社会实践活动得到了当地领导、院系领导、老师和同学们的大力支持和群众一致好评，取得圆满成功！

四、结语

此次"千村美丽，万村整洁"文化艺术进乡村暑期"三下乡"社会实践活动，不仅为建设社会主义新农村贡献了微薄之力，同时也使大家在劳动中收获了不一样的快乐，同学们在此次活动中坚定了信念，培养了不抱怨、不畏惧、不放弃的服务社会理念，弘扬了社会主义核心价值观，传递了社会正能量，是一堂宝贵的思政课。今后人文学院将会号召更多人加入爱心团队，参与社会实践活动，像陆国斌老师一样，将雷锋精神传承下去，以服务群众作为使命，不忘初心，砥砺前行。

后 记

为陆国斌老师写点什么是我们一直以来的心愿。2018年年末，当时正值鲁迅美术学院申报校级课题，我与几位老师、学生商量着就陆国斌老师以身作则的教育为例写些什么。于是课题组成员们就从陆国斌老师经常充分利用课余时间，带领学生去乡下探望老人、绘制墙绘入手。但同时也考虑到素材那么多，收集整理确实也是一个大的问题。高兴的是有李程、曹羽、刘一林三位同学的加入，他们几个不辞辛苦、不畏艰难，在2019年四、五月份，他们前后两次跟随陆国斌老师深入农村实地考察半个多月。他们与陆国斌老师住在一个农宅之中，白天一边陪着陆国斌老师与韩成惠等同学绘制墙画、美化乡村，一边收集陆国斌老师带领爱心团队的学生们绘制的墙绘及其他一些活动的资料。

春天，辽西北的风非常大，大风卷起泥沙漫天飞舞，他们用衣服裹着头部，再用帽子盖在头上。有一次出门拍摄，天空突然下起了大雨，为了及时完成任务，他们在雨中用衣服盖在身上拍摄陆国斌老师与同学们绘制墙绘的全过程。

辽西北的农村虽都是水泥路，但弯弯曲曲的山路并不好走。陆国斌老师还总是穿到各种不知名的崎岖小路中去，因为在那些地方都有他赡养的老人。每次他都会为老人们送去生活必备用品，以及鲁迅美术学院师生捐赠的衣物。让我们大家印象最深刻的是同学们住的那户人家的男女主人，他们年纪在七十岁上下，但是生活却井井有条，每日三餐都为我们精心准备，做得十分精细可口。由于房子小，学生们就只能挤睡在一个不到五十公分宽的地方，但是他们感觉很温馨，因为在那里他们能很真实地感受到当地劳动人民最质朴的爱。当陆国斌老师与同学们离开的那一刻，两位老人握着陆国斌老师的手不停地流着眼泪，不停地问陆国斌老师与学生们什么时候还能再来？我想，对于几位学生来说，这不仅仅是一次考察，更是一次向陆国斌老师学习的过程，并切身感受到最无私、最纯真的大爱。

　　没有功勋也没有奖杯，没有私心也没有怨言。陆国斌老师用自身那一盏明灯照亮着学子们，给予孩子们收获的希望。受过陆国斌老师滴水之恩的学生不计其数，其中曾受到陆国斌老师资助的学子张卫峰含泪对陆国斌老师说："师恩如山，情同父子"。作为一名从事公共基础课教学的艺用人体解剖课的教师，学生能用如此高尚的话赞扬他，那是何等的宝贵与自豪！记得有一次课后，在景德镇上大学的一位学子给陆国斌老师打来电话，说母亲病重交不起学费，陆国斌老师连忙说："别急，老师给你想办法，一定不会让你没书读的。"这些并不是陆国斌老师的义务，但是他时刻以雷锋般精神告诉自己，要帮助需要帮助的人，甘于奉献。他经常说："自己的一切是党和社会给的，那就应该奉献给党和社会。"正是具有这种雷锋般甘于奉献的精神，才能使他几十年如一日的帮助学生、赡养老人、为社会做各种公益事情。他的善举感动着我，也感动着我身边的学生们，这种"授人以渔""以身作则"的教育方式在教授学生专业知识的同时，也在"立德树人"，教会学生如何成为一位对社会有用的人，这种教育方式正是对"三全育人"的践行，希望陆国斌老师的教学事迹，对今后的美术教育有更深的启迪意义。

佟晓杰

2020年9月14日